WAS ICH BEI DER ARBEIT DENKE — UND WAS ICH WIRKLICH SAGE

UPGRADED BOOKS

Urheberrecht © 2025 von Upgraded Books

Alle Rechte vorbehalten.

Kein Teil dieses Buches darf in irgendeiner Form oder mit irgendwelchen elektronischen oder mechanischen Mitteln, einschließlich Informationsspeicherungs- und -abrufsystemen, ohne die ausdrückliche schriftliche Genehmigung des Autors reproduziert werden. Ausgenommen davon ist die Verwendung kurzer Zitate im Rahmen einer Rezension.

NOTIZ AUS DER PERSONALABTEILUNG

An unsere geschätzten Mitarbeiter,

wir in der Personalabteilung legen großen Wert auf Ihr psychisches Wohlbefinden (und, seien wir ehrlich, wir möchten auch eine hohe Fluktuationsrate vermeiden, wenn möglich). Ich weiß, dass der Arbeitsalltag hier seine Herausforderungen mit sich bringt. Deshalb erhalten Sie dieses Buch – als kleine Geste der Unterstützung in jenen unvermeidlichen Momenten, in denen man einfach mal Dampf ablassen muss.

Betrachten Sie es als einen sicheren Ort für all die Dinge, die Sie vielleicht denken, möglicherweise sagen möchten – aber besser nicht laut aussprechen. Darin finden Sie von der HR-Abteilung genehmigte Alternativen, mit denen Sie weiterhin professionell wirken, (hoffentlich) Ihren Job behalten und unangenehme Gespräche mit uns vermeiden – auch wenn wir Ihnen natürlich jederzeit gerne zur Verfügung stehen. Also... meistens. Nach dem zweiten Kaffee. Und je nach Tagesform.

Blättern Sie darin, lachen Sie herzlich – und greifen Sie so oft wie nötig darauf zurück, um die Nerven zu bewahren.

Viel Spaß beim Lesen,

Karen aus der Personalabteilung

1: LASS MICH DAS MIT MEINEM TEAM BESPRECHEN UND ICH MELDE MICH BEI DIR

Was Sie wirklich sagen wollen:

Nein, du Vollidiot!

HR-genehmigte Alternative:

Lass mich das mit meinem Team besprechen und ich melde mich bei dir.

Szenario:

Es ist Freitag, 16:57 Uhr. Sie haben mental längst abgeschaltet. Die Tasche ist gepackt, die Jacke hängt griffbereit über der Stuhllehne – und alles, was Sie noch von Ihrem wohlverdienten Wochenende trennt, ist ein letzter Klick auf *Herunterfahren*.

Dann: *Ping*. Ihr E-Mail-Postfach.

. . .

Oh nein.

Sie werfen einen Blick auf den Absender. Es ist Jax aus dem oberen Management. Der Mann hat in seinem ganzen Leben noch nie rechtzeitig auf eine E-Mail geantwortet, und doch hat er genau diesen Moment – drei Minuten vor dem Wochenende – gewählt, um Ihres zu ruinieren.

Sie zögern. Vielleicht verschwindet die E-Mail ja, wenn Sie sie nicht öffnen.

Doch die Benachrichtigung erscheint erneut. Ja, Jax:

»Hey, könntest du vielleicht schnell eine Markttrendanalyse für das Führungstreffen am Montag erstellen? Sollte nicht lange dauern – nur ein paar Folien mit einigen wichtigen Insights. Danke!«

Sollte nicht lange dauern? Es ist ein 30-seitiger Datenbericht zu einem Projekt, an dem Sie nicht einmal beteiligt waren. Jax war natürlich dabei, hat aber in jedem Meeting genickt und »Ich werfe das mal so in den Raum...« gesagt, bevor er etwas völlig Nutzloses von sich gab.

. . .

Sie starren auf die E-Mail, während die Wut in Ihnen hochkocht. Ihre Finger schweben über der Tastatur. Sie wollen tippen:

NEIN, DU VOLLIDIOT!

Vielleicht möchten Sie sogar noch hinzufügen: *Sehe ich aus wie eine PowerPoint-Fee, die Datenanalysen aus dem Nichts herbeizaubert? Es ist Freitag, Jax! GEH NACH HAUSE.*

Aber Sie mögen Ihren Job, also atmen Sie tief ein... und aus... und tippen:

»Lass mich das mit meinem Team besprechen und ich melde mich bei dir.«

In Ihrem Kopf? *Ich werde definitiv nicht mit meinem Team sprechen. Mein Team ist schon beim Happy Hour. Mein Team ist drei Margaritas weit weg. Mein Team existiert gerade nicht.*

Jax antwortet sofort:

»Oh super, vielen Dank! Schönes Wochenende!«

Sie starren auf den Bildschirm.

. . .

Oh, ich werde ein schönes Wochenende haben. Denn ich werde diese Präsentation erst am Montagmorgen um genau 8:59 Uhr machen.

Sie klappen Ihren Laptop zu.

Die Margaritas rufen.

2: IM INTERESSE DER TRANSPARENZ

as Sie wirklich sagen wollen:

Lasst uns den Scheiß endlich auf den Tisch bringen!

HR-genehmigte Alternative:

Im Interesse der Transparenz...

Szenario:

Es ist Montagmorgen, und Sie sitzen in einem weiteren »sehr wichtigen« Meeting, das zu 100 % eine E-Mail hätte sein können. Das Thema? Warum die Einführung des neuen Inventarsystems hinter dem Zeitplan zurückliegt.

Der Grund? Oh, jeder im Raum weiß es bereits, aber niemand traut sich, es laut auszusprechen.

. . .

Ihre Projektmanagerin, Karen (die irgendwie diese Führungsposition bekommen hat, obwohl sie noch nie etwas geführt hat), räuspert sich und beginnt:

»Also, Team... hat jemand eine Idee, warum wir diese Verzögerungen haben?«

Es herrscht Schweigen und unbehaglicher Augenkontakt, aber niemand antwortet.

Sie schauen sich um. Oh, wir *alle* wissen warum.

Vielleicht liegt es daran, dass das Projekt Dave zugeteilt wurde, dessen Arbeitsmoral genauso fragwürdig ist wie sein Browserverlauf. Vielleicht liegt es daran, dass das obere Management den Projektumfang in den letzten zwei Wochen fünfmal geändert hat. Oder vielleicht – nur vielleicht – liegt es daran, dass Karen selbst drei Wochen damit verbracht hat, eine Entscheidung zu »erarbeiten«, die eigentlich fünf Minuten hätte dauern sollen.

Ihre Geduld ist am Ende. Jeder Knochen in Ihrem Körper möchte die Hände auf den Tisch schlagen und schreien:

»Lasst uns den Scheiß endlich auf den Tisch bringen!«

. . .

Aber die Unternehmensetikette verlangt etwas... Sanfteres. Also setzen Sie stattdessen Ihr bestes »Ich-kümmere-mich-wirklich-darum«-Gesicht auf und sagen:

»Im Interesse der Transparenz denke ich, es wäre hilfreich, einige der wiederkehrenden Herausforderungen anzusprechen, mit denen wir konfrontiert sind.«

3. LASSEN SIE UNS DAS GANZE MAL AUS DER VOGELPERSPEKTIVE BETRACHTEN

as Sie wirklich sagen wollen:

Ich habe keinen blassen Schimmer, wovon ich rede.

HR-genehmigte Alternative:

Lass uns das Ganze mal aus der Vogelperspektive betrachten.

Szenario:

Sie sind in einem Meeting, auf das Sie sich definitiv hätten vorbereiten sollen.

Vielleicht, weil die Einladung gestern Abend um 22 Uhr ohne jeglichen Kontext verschickt wurde.

. . .

Vielleicht, weil sich das Thema dreimal geändert hat und niemand mehr weiß, worum es eigentlich geht.

Oder vielleicht – nur vielleicht – weil es Sie einfach nicht interessiert.

So oder so sitzen Sie da, nicken verständnisvoll, als ob Sie alles begreifen, und hoffen, dass niemand Sie direkt anspricht.

Dann passiert es.

Ihre Vorgesetzte, Linda, wendet sich Ihnen zu und fragt:

»Also, Ruth, was halten Sie davon, skalierbare Lösungen zu nutzen?«

Ihre Seele verlässt Ihren Körper.

Linda hätte Sie genauso gut bitten können, Quantenphysik auf Swahili zu erklären.

Sie könnten Wochen Zeit haben, um sich vorzubereiten, und dann trotzdem keine Ahnung haben, was zum Teufel hier los ist.

. . .

Aber jetzt? Jetzt haben Sie nichts.

Keine Ahnung. Keine Strategie. Keinen Plan.

Nur pure, ungefilterte Panik.

Sie fangen an, wirres Zeug zu reden, wobei Sie genau wissen, dass es Unsinn ist, und die Hälfte der Anwesenden weiß das auch.

Dann stellt Melissa Sie auf die Probe, um Sie in Ihrer Lüge zu ertappen:

»Das ist interessant. Können Sie den letzten Teil näher ausführen?«

Sie überlegen kurz, ehrlich zu sein und zu sagen:

»Ich habe keinen blassen Schimmer, wovon ich rede.«

Aber Sie mögen auch Dinge wie zum Beispiel Lebensmittel für Ihre Familie zu kaufen und die Miete bezahlen zu können.

. . .

Also atmen Sie stattdessen tief ein, falten die Hände, als hätten Sie alles im Griff, und sagen:

»Lassen Sie uns das Ganze mal aus der Vogelperspektive betrachten und die Auswirkungen der Nutzung skalierbarer Lösungen wirklich bedenken. Ich kann später darauf zurückkommen, nachdem ich die wichtigsten Stakeholder eingebunden habe.«

Ihr Vorgesetzter und alle anderen in der Besprechung nicken nachdenklich und Sie klopfen sich innerlich auf die Schulter.

Sie werden einen weiteren Tag überleben.

4. MIT ALLEM GEBÜHRENDEN RESPEKT

Was Sie wirklich sagen wollen:

Verpiss dich, Idiot!

HR-genehmigte Alternative:

Mit allem gebührenden Respekt.

Szenario:

Es ist ein ganz normaler Dienstagnachmittag und Sie versuchen einfach, Ihre eigenen Angelegenheiten zu regeln – vielleicht E-Mails abarbeiten, vielleicht so tun, als würden Sie arbeiten, während Sie auf Ihrem Handy scrollen.

Einfach in Frieden leben, verstehen Sie?

. . .

Dann, aus dem Nichts, erscheint eine Benachrichtigung auf Ihrem Bildschirm.

Es ist Chad aus dem Marketing.

Chad, dessen Job anscheinend darin besteht, absolut nichts zu tun, bis es in letzter Minute darauf ankommt, und dann irgendwie alles zu Ihrem Problem zu machen.

Hier ist, was er zu sagen hat:

»*Heeey, ganz kurz!*

Könntest du schnell ein Redesign der Grafiken für die gesamte Social-Media-Kampagne erstellen? Der Kunde hat vor zwei Wochen neue Brand-Richtlinien geschickt und ich habe total vergessen, dir Bescheid zu sagen. Mein Fehler! Aber ich habe ihnen schon gesagt, dass wir die aktualisierten Designs bis zum Ende des Tages haben werden, also sollten wir die Deadline besser einhalten.

Danke!«

Sie blinzeln.

. . .

Vor zwei Wochen?

Die Kampagne, die Sie *Stunden* lang perfektioniert haben?

Die, die Chad eigentlich überprüfen sollte, aber stattdessen hat er die Zeit damit verbracht, leidenschaftlich zu diskutieren, ob ein Hot Dog ein Sandwich ist?

Sie schauen auf die Uhr. Es ist 16:45 Uhr.

Ihre Hand zuckt.

Sie verspüren plötzlich den Drang, zu tippen:

»Verpiss dich, Idiot!« Vielleicht garniert mit »Und nimm deine nutzlosen Marketingfähigkeiten mit!«

Aber leider hat die Personalabteilung diese seltsame Richtlinie, dass man Kollegen nicht verbal angreifen darf.

Also atmen Sie stattdessen langsam ein, noch langsamer aus und tippen:

. . .

»Mit allem gebührenden Respekt, Chad, das ist das erste Mal, dass ich von dieser Anfrage höre. Angesichts des Zeitrahmens kann ich sie möglicherweise nicht berücksichtigen.«

Was natürlich übersetzt bedeutet: *Du hast diese neuen Markenrichtlinien seit zwei Wochen, Chad. ZWEI WOCHEN! Und anstatt mir das zu einem normalen, vernünftigen Zeitpunkt mitzuteilen, wie es ein kompetenter Erwachsener tun würde, hast du sie bis zur allerletzten Sekunde für dich behalten und machst es jetzt zu meinem Problem. Ich werde dich bis auf Weiteres ignorieren.*

Chad, wie er nun mal ist, übersieht die passive Aggressivität völlig und antwortet:

»Oh, du bist die Beste! Ich schätze dich sehr!«

Sie starren auf den Bildschirm.

Eine tiefe, dunkle Wut regt sich in Ihnen. Sie schließen Ihren Laptop, während Sie darüber nachdenken, wie dringend Sie jetzt einen Drink brauchen.

5. ICH HALTE DICH AUF DEM LAUFENDEN

Was Sie wirklich sagen wollen:

Hör auf, mich ständig so unglaublich zu nerven.

HR-genehmigte Alternative:

Ich halte dich auf dem Laufenden.

Szenario:

Es ist Mittag und Sie sind endlich im Flow. Ihr Posteingang ist (einigermaßen) unter Kontrolle, Sie haben ein paar Aufgaben erledigt und zum ersten Mal an diesem Tag fühlen Sie sich ein bisschen produktiv. Sie denken, dass Sie vielleicht – nur vielleicht – den Nachmittag ohne Unterbrechung überstehen werden.

Dann meldet sich Lisa aus der Buchhaltung:

Was ich bei der Arbeit denke — und was ich wirklich sage 17

»Hey, wollte nur nach den aktualisierten Budgetprognosen fragen!«

Sie werfen einen Blick auf die Uhr. Es ist 45 Minuten her, seit sie das letzte Mal gefragt hat. Und nein, die Antwort hat sich seitdem nicht geändert.

Also verhalten Sie sich erwachsen und ignorieren sie.

Fünf Minuten vergehen und... es ist wieder Lisa:

»Hey, wollte nur nochmal nachhaken!«

Sie reiben sich die Schläfen. Nachhaken? Lisa hat nichts, worauf sie nachhaken könnte. Der Kreis hat sich nie gebildet, weil das Finanzteam Ihnen die Zahlen noch nicht geschickt hat!

Sie atmen tief durch und denken, wenn Sie nicht antworten, wird sie es schon merken.

Aber drei Minuten später? Lisa.

»Bin mir nicht sicher, ob meine letzte Nachricht durchgekommen ist! Wollte nur nachfragen!«

. . .

Ihr Auge zuckt und Ihr Kiefer verkrampft sich. Jetzt verstehen Sie, warum manche Leute ihren Job kündigen, um in den Wäldern zu leben.

Was Sie sagen wollen? »HÖR AUF, MICH STÄNDIG SO UNGLAUBLICH ZU NERVEN.«

Als Ergänzung?

»Lisa, wenn ich die Zahlen hätte, würdest du es wissen. Weil ich sie dir geschickt hätte. In einer E-Mail. Mit einer Tabelle. Und einer Betreffzeile, die sagt ›AKTUALISIERTE BUDGETPROGNOSEN‹.«

Aber stattdessen tippen Sie einfach:

»Ich halte dich auf dem Laufenden.«

Und Lisa, die den Hinweis völlig übersieht, antwortet sofort:

»Super, danke!! Lass mich wissen, wenn du etwas hörst!«

Sie sitzen da und denken, *Idiotin*! Aber hey, immerhin haben Sie sich etwas Zeit verschafft!

6. WIR WERDEN DIE DINGE VEREINFACHEN

as Sie wirklich sagen wollen:

Zeit, das idiotensicher zu machen, weil sie es immer wieder vermasseln.

HR-genehmigte Alternative:

Wir werden die Dinge vereinfachen.

Szenario:

Es sind Wochen vergangen. Wochen, in denen Sie versucht haben, denselben Fehler immer wieder zu beheben.

Sie haben es in Meetings erklärt, Schritt-für-Schritt-E-Mails verschickt und aus irgendeinem Grund sogar ein kurzes Tutorial-Video erstellt, weil Sie dachten: *Hey, vielleicht hilft es, es in Aktion zu sehen.*

· · ·

Aber hier sind Sie wieder.

Kyle aus dem Marketing ist zurück.

Und, Überraschung, Überraschung: Er hat es geschafft, denselben Fehler zum x-ten Mal zu machen.

Das ist schließlich Kyle, der Typ, der einen einfachen dreistufigen Prozess in eine anhaltende Unternehmenskrise verwandelt hat. Kyle, der jedes Mal neue Wege findet, dieselbe Aufgabe zu vermasseln.

Heute geht es um das Einreichen von Berichten. *Wieder einmal.*

Kyle: »Hey! Ich glaube, das System funktioniert nicht.«

Sie wissen bereits, worauf das hinausläuft, aber wie ein verantwortungsbewusster Erwachsener fragen Sie trotzdem nach.

Vielleicht, nur vielleicht, hätte Kyle es diesmal verstanden.

· · ·

Sie: »Was ist das Problem?«

Kyle: »Es lässt mich meinen Bericht nicht einreichen.«

Sie atmen tief durch, bereiten sich mental auf das Schlimmste vor und tippen zurück:

Sie: »Haben Sie die Schritte befolgt, die ich geschickt habe?«

Kyle: »Jep!«

Sie: »Alle?«

Es herrscht Stille auf der anderen Seite. Und dann...

Kyle: »Ähm... die meisten?«

Sie schließen die Augen und zählen bis 10, während Sie sich daran erinnern, dass finanziell unabhängig zu sein nicht so glamourös ist, wie es klingt. Dann öffnen Sie die Datei, die er hochgeladen hat. Und natürlich ist es absolutes Chaos.

Dem Bericht fehlen ganze Abschnitte, die Formatierung sieht aus, als hätte sie ein Kleinkind gemacht, und aus irgendeinem unerklärlichen Grund befindet sich mitten in einer Tabelle ein Foto eines Hundes.

Das ist vermutlich der Grund, warum das System Kyles Upload ablehnt.

Sie starren auf den Bildschirm. *Geht es Kyle gut? Ist er heimlich ein Performance-Künstler und das hier ist eine ausgeklügelte Scherzaktion, um mich alle meine Lebensentscheidungen hinterfragen zu lassen?*

Ihre Finger jucken danach, zu tippen:

»*Zeit, das idiotensicher zu machen, weil Sie es immer wieder vermasseln.*«

Aber Sie wissen es besser.

Stattdessen nehmen Sie sich ein paar Sekunden, um sich zu beruhigen, und tippen:

»Okay, wir werden die Dinge ein wenig straffen, damit der Prozess einfacher und leichter zu befolgen ist. Auf diese Weise weiß jeder genau, was zu tun ist, und wir können Fehler vermeiden.«

. . .

Der letzte Nagel im Sarg ist Kyles Antwort:

»Super! Freue mich drauf!«

Sie schließen Ihren Laptop.

Es ist zu früh für einen Drink, aber hey, es ist nicht zu früh, um jede Entscheidung zu überdenken, die Sie an diesen Punkt gebracht hat!

7. LASSEN WIR DAS ERSTMAL RUHEN

Was Sie wirklich sagen wollen:

Nicht jetzt. Lass mich in Ruhe.

HR-genehmigte Alternative:

Lassen wir das erstmal ruhen.

Szenario:

Sie ertrinken in Arbeit.

Ihr Posteingang ist ein Albtraum, Ihre To-do-Liste ist länger als ein Kassenbon von CVS und Sie sind nur einen kleinen Ärger entfernt von einem kompletten Nervenzusammenbruch.

. . .

Warum? Weil Sie in zwei Stunden eine Deadline haben.

Ihre Finger fliegen über die Tastatur, Ihr Gehirn ist in tiefer Konzentration und zum ersten Mal haben Sie das Gefühl, dass Sie wirklich Fortschritte machen.

Und dann?

Stephanie taucht auf.

Stephanie aus der Abteilung »Ich habe kein Gespür für den richtigen Zeitpunkt«.

Stephanie, die einen sechsten Sinn dafür hat, Sie im denkbar ungünstigsten Moment zu unterbrechen.

Stephanie, die anscheinend glaubt, dass die ganze Firma zusammenbricht, wenn sie Ihnen nicht genau in diesem Augenblick diese eine Frage stellt.

Sie materialisiert sich wie ein Unternehmensgeist neben Ihrem Schreibtisch, ihr Gesicht strahlt vor einer Idee, die definitiv hätte warten können.

»Hey! Hast du kurz Zeit?«

. . .

Nein, Sie haben keine Zeit.

Sie haben nicht einmal *halb* so viel Zeit.

Aber Stephanie hat sich bereits einen Stuhl herangezogen und es sich gemütlich gemacht.

Sie fährt fort: »Also, ich habe mir Gedanken über die Kundenzufriedenheitsumfrage gemacht, die wir vor drei Wochen besprochen haben...«

Ah, ja. Die Kundenbefragung.

Die Befragung, die erst in einem Monat fällig ist.

Die Befragung, die bereits fertiggestellt und zur Genehmigung an die Führungsebene geschickt wurde.

Die Befragung, die Stephanie plötzlich »überarbeiten« möchte, weil sie gerade beschlossen hat, dass das Farbschema vielleicht »einladender« sein sollte.

. . .

In der Zwischenzeit sitzt die E-Mail, die Sie *eigentlich* verschicken müssen, halbfertig da und schreit nach Ihrer Aufmerksamkeit.

Sie möchten sagen: »Nicht jetzt. Lass mich in Ruhe.«

Stattdessen zwingen Sie sich zu einem Lächeln, das so angestrengt ist, dass es wehtut, und sagen:

»Lassen wir das erstmal ruhen und gehen später nochmal ran, wenn ich etwas mehr Kapazität habe, um mich angemessen darum zu kümmern.«

Sie beißen sich auf die Zunge, als Stephanie, völlig ahnungslos, begeistert nickt und hinzufügt:

»Oh, ja, klar! Ich melde mich später nochmal bei dir.«

Sie beobachten, wie sie weggeht, und planen bereits Ihre nächste Fluchtroute, wissend, dass dies noch nicht vorbei ist.

8. KÖNNEN SIE IHR VERSTÄNDNIS DESSEN, WAS WIR GERADE BESPROCHEN HABEN, KLÄREN?

Was Sie wirklich sagen wollen:

Haben Sie überhaupt ein Wort von dem gehört, was ich gerade gesagt habe?

HR-genehmigte Alternative:

Können Sie Ihr Verständnis dessen, was wir gerade besprochen haben, klären?

Szenario:

Es war ein langes Meeting. So lang, dass Ihr Kaffee kalt geworden ist, Ihr Fuß eingeschlafen ist und Sie anfangen, sich zu fragen, ob Zeit überhaupt noch existiert. Sie haben gerade 10 Minuten damit verbracht, etwas zu erklären, was eigentlich 30 Sekunden hätte dauern sollen – nicht, weil Sie schlecht im Erklären sind, sondern weil Sie sich dreimal auf drei verschiedene Arten wiederholen mussten. Zuerst haben Sie nach dem Verständnis gefragt. Dann haben Sie gefragt, ob alle es verstanden haben. Und obendrein haben Sie sogar ein anschauliches Beispiel gegeben, nur für den Fall! Jedenfalls haben Sie sich ziemlich gut dabei gefühlt. Bis...

Greg.

Greg, der die ganze Zeit enthusiastisch genickt hat. Derselbe Greg, der während Sie gesprochen haben, ernste »Ich verstehe es vollkommen«-Gesichter gemacht hat. Und doch ist es seine Hand, die sich im Raum hebt, gepaart mit der eloquenten Frage:

»Warte ... also, was genau sollen wir jetzt machen?«

Der Raum wird vollkommen still. Sie blinzeln. Einmal. Zweimal. Sie starren Greg an und fragen sich, ob irgendwo eine versteckte Kamera läuft und alle gerade in einer Folge von *Trigger Happy TV* sind.

Sie wollen sagen: »Hast du überhaupt ein Wort von dem gehört, was ich gerade gesagt habe?« Oder noch besser: »Greg, mein Freund, mein Kumpel, mein Dude ... warst du überhaupt *HIER* gerade? Körperlich? Geistig? *Seelisch?*«

. . .

Aber das wäre verpönt, also halten Sie Ihre Stimme ruhig, machen Ihr bestes »geduldiger Profi«-Gesicht und sagen:

»Okay Greg, bevor ich das beantworte, können Sie Ihr Verständnis dessen, was wir gerade besprochen haben, klären?«

Sie werfen ihm einen Seitenblick zu, der buchstäblich schreit: »*Ich gebe dir eine letzte Chance zu beweisen, dass du tatsächlich in diesem Meeting anwesend warst und nicht geistig irgendwo am Strand!*«, in der Hoffnung, dass er es versteht. Stattdessen schaut Greg, immer noch verwirrt, auf das Whiteboard, dann auf seine Notizen und schließlich auf Sie und sagt:

»Ähm ... ja, also ... Sie wollen, dass wir ... das Ding machen?«

Sie atmen langsam aus. Alle anderen vermeiden Augenkontakt, weil auch sie den Lebenswillen verloren haben. Aber Sie? Sie sind ein Profi. Sie nicken, setzen ein Lächeln auf, das nicht ganz Ihre Augen erreicht, und sagen:

»Ja, Greg. Mach das Ding.«

9. ES STEHT AUF MEINER ROADMAP

Was Sie wirklich sagen wollen:

Über meine Leiche, A*$h*le!

HR-genehmigte Alternative:

Es steht auf meiner Roadmap.

Szenario:

Es ist Montagmorgen, Sie sind gerade im Büro angekommen und haben kaum Zeit gehabt, Ihren Mantel auszuziehen, als eine E-Mail-Benachrichtigung auf Ihrem Bildschirm auftaucht.

Die Betreffzeile: *Schnelle Gefälligkeit!*

. . .

Sie wissen es schon. Nichts Gutes folgt jemals einer »schnellen Gefälligkeit«. Mit einem tiefen Seufzer öffnen Sie die E-Mail, und – ja. Es ist schlimmer als erwartet.

Sie ist von Olivia aus der Beschaffungsabteilung.

Olivia, die irgendwie schon vor 8 Uhr morgens Energie hat.

Olivia, die noch nie auf eine Aufgabe gestoßen ist, die sie nicht delegieren konnte.

Olivia, die »Teamarbeit« sagt, wenn sie »deine Arbeit« meint.

»Hallo! Ich hoffe, du hattest ein entspanntes Wochenende!« (Hattest du nicht.)

»Nur eine kleine Bitte: Kannst du die Führung bei der Bereinigung der Lieferantenvertragsdatenbank übernehmen? Sie ist ein bisschen unübersichtlich. Braucht nur eine schnelle Neuordnung!«

Es sollte nicht zu lange dauern – im Grunde nur die Überprüfung von über 500 Verträgen, die Aktualisierung der Ablaufdaten, das Markieren doppelter Lieferanten und das Erstellen einer Master-Tabelle mit Schlüsselbegriffen wie Zahlungsplänen, Strafklauseln und Verlängerungsbedingungen.

. . .

Einfach, oder? Keine Eile, aber ich würde es bis Freitag gerne erledigt haben! Vielen Dank!!!«

Sie starren auf den Bildschirm, dann lesen Sie langsam noch einmal.

Olivia hat Sie gerade beiläufig gebeten, ein ganzes Labyrinth veralteter Verträge zu durchforsten, von denen viele wahrscheinlich 2007 von jemandem geschrieben wurden, der hier nicht mehr arbeitet.

Und sie denkt aus irgendeinem Grund, dass es eine schnelle Aufgabe ist.

Ihr erster Impuls?

Zu tippen: »*Über meine Leiche, A*$h*le!*«

Aber leider haben Sie Rechnungen zu bezahlen. Und deshalb tippen Sie einfach:

»Es steht auf meiner Roadmap.«

Hoffentlich versteht Olivia die Botschaft.

. . .

Hoffentlich versteht sie sogar, dass Sie absolut keine Absicht haben, das in absehbarer Zeit zu tun, oder vielleicht überhaupt jemals.

Versteht sie das aber? Wirklich?

Natürlich nicht! Denn zwei Minuten später schreibt sie Ihnen zurück:

»Oh mein Gott, du bist genial! Ich habe das *Gefühl*, das wird großartig!!«

Sie lehnen sich zurück und beginnen mental zu berechnen, wie viel es kosten würde, Ihren Job zu kündigen und einen Smoothie-Stand am Strand zu eröffnen.

10. ICH SCHÄTZE IHREN INPUT WIRKLICH

as Sie wirklich sagen wollen:

Es interessiert niemanden, was Sie denken.

HR-genehmigte Alternative:

Ich schätze Ihren Input wirklich.

Szenario:

Es ist Freitagnachmittag. Sie haben die Woche überlebt. Sie haben E-Mails, Meetings und das langsame Sterben Ihrer Motivation überstanden. Jetzt sind Sie in der letzten Besprechung vor der Freiheit. Es waren drei Stunden, in denen der neue Kunden-Onboarding-Leitfaden des Unternehmens besprochen wurde, an dem Sie wochenlang gearbeitet haben.

. . .

An diesem Punkt hält Sie nur noch der Traum wach, aus Ihrem Stuhl zu springen, aus dem Gebäude zu rennen und nie wieder daran zu denken – zumindest bis Montag. Sie beobachten die Uhr, packen gedanklich Ihre Tasche und warten nur darauf, dass Ihr Manager sagt: »Okay, lassen wir es gut sein«, und Sie sind frei.

Allerdings scheint Tad, der ursprünglich gar nicht eingeladen war und dennoch wie aus dem Nichts aufgetaucht ist, ganz eigene Pläne mit Ihnen zu haben. Er lehnt sich vor, räuspert sich und sagt:

»Ich habe tatsächlich ein paar Gedanken, wie Riley das verbessern könnte.«

Ihr Magen zieht sich zusammen. Ihr Blick wandert zur Uhr. Noch zwei Minuten. ZWEI.

Und jetzt? Jetzt sind Sie dem Unsinn, den Tad gleich von sich geben wird, ausgeliefert – als wären Sie Geisel eines Mannes, der partout nicht akzeptieren kann, dass das Projekt abgeschlossen ist. Und trotzdem will er daran weiterarbeiten.

Tad fährt fort: »Ich denke nur, wir sollten einen interaktiveren Ansatz wählen. Vielleicht ein Video hinzufügen? Es ist nur eine Idee!«

. . .

Ihr Gehirn macht schlapp. Der Leitfaden ist fertig. Abgeschlossen. Genehmigt. Er wurde bereits an das Designteam geschickt. Das ist, als ob jemand sagt: »Hey, vielleicht sollten wir einen anderen Caterer nehmen«, während er am Hochzeitsbuffet steht!

Sie haben das Gefühl, herauszuschreien: »Es interessiert niemanden, was Sie denken, Tad!« Vielleicht sogar hinzuzufügen: »Und Sie können Ihre Gedanken dahin stecken, wo die Sonne nicht scheint!«

Allerdings würde das zu einem unfreundlichen Anruf von der Personalabteilung führen. Also nehmen Sie stattdessen einen Schluck aus Ihrer Wasserflasche und sagen ruhig:

»Ich schätze Ihren Input wirklich, Tad. Bitte erzählen Sie mir mehr über den interaktiven Ansatz, den wir hätten wählen können.«

Sie hoffen, dass er die Ironie und die eigentliche Bedeutung hinter Ihren Worten versteht, was einfach bedeutet: *Tad, dieser Leitfaden wurde von Leuten überprüft, genehmigt und abgesegnet, die das Dreifache unseres Gehalts verdienen. Es besteht eine 0%ige Chance, dass ich von vorne anfange, nur weil Sie in den letzten zwei Minuten dieses Meetings plötzlich eine Erleuchtung hatten.*

. . .

Tad, der Ihren subtilen Hinweis völlig übersieht, grinst und lehnt sich in seinem Stuhl zurück. »Super, freut mich, dass ich etwas beitragen konnte! Hier ist, was ich denke...«

Sie starren ihn eine Sekunde lang an, dann werfen Sie erneut einen Blick auf die Uhr. Besprechungszeit? Um weitere 30 Minuten verlängert. Sie verspüren Verzweiflung, während Sie Ihr Schicksal stillschweigend akzeptieren.

11. WIR MÜSSEN EINE KULTUR DER TEAMARBEIT FÖRDERN

Was Sie wirklich sagen wollen:
Es wird Zeit, dass du dich zurücknimmst.

HR-genehmigte Alternative:

Wir müssen eine Kultur der Teamarbeit fördern.

Szenario:

Sie befinden sich in einer Team-Brainstorming-Sitzung, aber inzwischen fühlt es sich weniger wie eine Gruppendiskussion und mehr wie »Die Jessica-Show« an. Warum?

Weil Jessica, eine Ihrer Kolleginnen, den größten Teil des Meetings ununterbrochen geredet hat.

. . .

Sie teilt nicht nur Ideen mit – sie dominiert das gesamte Gespräch.

Jedes Mal, wenn jemand anderes versucht zu sprechen, unterbricht sie ihn mit »Ja, aber was wäre, wenn wir...« oder »Eigentlich denke ich...«

Sie blicken sich im Raum um. Alle anderen sehen erschöpft aus.

Dave versucht den Anschein zu erwecken, dass er zuhört, und Sie können erkennen, dass Priya – ebenfalls Teil der Sitzung – vor 20 Minuten mental abgeschaltet hat.

Sogar Ihr Manager sieht so aus, als bereue er, dieses Meeting einberufen zu haben.

Das Schlimmste? Jessicas »brillante« Ideen sind entweder Wiederholungen alter Fehlschläge oder machen überhaupt keinen Sinn.

An einem Punkt schlägt sie etwas vor, das dem Unternehmen tatsächlich Geld kosten würde, anstatt welches einzubringen.

. . .

Sie verlieren langsam die Geduld und haben halb im Sinn, aufzustehen und zu sagen:

»Jessica, es wird Zeit, dass du dich zurücknimmst. Wir haben es verstanden. Du liebst den Klang deiner eigenen Stimme. Aber der Rest von uns möchte auch etwas beitragen, bevor wir alle in Rente gehen.«

Aber das könnte unhöflich wirken. Und die HR-Abteilung liebt diese »Sei nett zu deinen Kollegen«-Workshops.

Stattdessen heben Sie also die Hand und sagen: »Wir müssen hier eine Kultur der Teamarbeit fördern. Stellen wir sicher, dass jeder die Möglichkeit hat, seine Ideen einzubringen.«

Aber Sie wissen, dass Sie eigentlich meinen:

»Jessica, um Himmels willen, halt den Mund und lass mal jemand anderen reden.«

Der Raum wird still.

Jessica sieht überrascht aus – vielleicht sogar ein wenig beleidigt.

. . .

Aber, Wunder über Wunder, hört sie tatsächlich auf zu reden.

Dave formt von der anderen Seite des Tisches ein »Danke« mit den Lippen.

Priya richtet sich auf, bereit, endlich etwas beizutragen.

Ihr Manager seufzt erleichtert.

Und zum ersten Mal an diesem Morgen verläuft das Meeting wie eine normale Diskussion, mit echter Teamarbeit.

Als Sie den Raum verlassen, klopfen Sie sich im Stillen selbst auf die Schulter.

Sie haben das Gleichgewicht am Arbeitsplatz wiederhergestellt.

Wenn das keinen Preis verdient, was dann?

12. UM ES NOCH EINMAL ZU SAGEN

Was Sie wirklich sagen wollen:
Ich werde das nicht noch einmal sagen, du Dummkopf!

HR-genehmigte Alternative:

Um es noch einmal zu sagen.

Szenario:

Es ist 15:00 Uhr an einem Mittwoch und Sie sitzen in Ihrem fünften Zoom-Meeting des Tages. Sie sind erschöpft. Ihr Gehirn hat bereits abgeschaltet und das Einzige, was Sie noch am Laufen hält, ist der Gedanke an Ihre Pause um 15:30 Uhr.

. . .

Doch dann sagt Kevin aus der Buchhaltung: »Warte, nur zur Klarstellung – benutzen wir die neuen Ausgabenformulare oder die alten?«

Sie halten den Atem an. Kevin hat das diese Woche schon dreimal gefragt. Sie haben am Montag eine E-Mail an alle geschickt. Sie haben ein PDF angehängt. Sie haben es sogar idiotensicher gemacht, mit riesigen roten Pfeilen, die auf die neuen Formulare zeigen. Sie haben ein GIF verwendet, um Himmels willen – ein GIF von einem tanzenden Affen, der ein Schild hält, auf dem buchstäblich stand: »BENUTZE DIE NEUEN FORMULARE.« Sie haben Kevin auch gestern persönlich daran erinnert, als er genau dasselbe gefragt hat.

Sie schauen sich in den kleinen Zoom-Kacheln Ihrer Kollegen um. Einige starren auf ihre Bildschirme, als würden sie einen Unfall in Zeitlupe beobachten. Eine Person hat sich stummgeschaltet, wahrscheinlich schreit sie gerade in ihre Hände.

Sie haben das Gefühl, schreien zu wollen:

»Kevin, ich werde das nicht noch einmal sagen, du Dummkopf! Die Antwort ist in deinem Posteingang, deinem Papierkorb und wahrscheinlich inzwischen auch an den Wänden des Büro-WCs geschrieben!«

. . .

Aber weil Sie es schätzen, bezahlt zu werden, atmen Sie tief durch und sagen:

»Um es noch einmal zu sagen, wir benutzen die neuen Ausgabenformulare. Ich habe den Link noch einmal im Chat geteilt, zur einfachen Referenz.«

Es gibt eine lange Pause, während alle warten, wahrscheinlich fragen sie sich, ob Kevin es endlich... verstanden hat? Oder sie fragen sich vielleicht, ob Sie gleich vor der Kamera ausrasten werden.

Dann, nachdem es sich wie eine Ewigkeit angefühlt hat, sagt Kevin: »Ohhh, verstanden! Danke für die Klarstellung!«

Glauben Sie ihm? Absolut nicht. Aber um Ihre Nerven zu bewahren, machen Sie weiter, wohl wissend, dass Kevin nächste Woche dasselbe fragen wird.

13. DAS LIEGT AUSSERHALB MEINES AUFGABENBEREICHS

Was Sie wirklich sagen wollen:

Ich mache nicht deine Arbeit für dich, du Faulpelz!

HR-genehmigte Alternative:

Das liegt außerhalb meines Aufgabenbereichs.

Szenario:

Es sind nur noch wenige Minuten bis zum Wochenende und Sie sind gedanklich schon beim Happy Hour – Sonnenbrille auf, Margarita bald in der Hand, null Bock mehr auf alles. Dann, wie der Bösewicht in einer schlechten Rom-Com, schlüpft Mia in Ihre DMs mit der vorhersehbarsten Nachricht aller Zeiten:

. . .

»Hey! Kannst du mir den Inventarbericht besorgen? Ich brauche ihn für meine Präsentation am Montag.«

Sie ballen die Hände zu Fäusten. Das ist derselbe Bericht, den Sie Mia in diesem Quartal schon dreimal gezeigt haben, wie man ihn erstellt. Sie haben ihr sogar eine Schritt-für-Schritt-Anleitung mit Screenshots gemacht, die sie sofort archiviert und nie wieder angeschaut hat.

Sie haben das Bedürfnis, wütend zurückzuschreiben: *»Mia, ich mache nicht deine Arbeit für dich, du Faulpelz! Du weißt, wo die Daten sind. Du weißt, wie man sie exportiert. Hör auf, so zu tun, als ob du es nicht könntest, nur weil du lieber durch LinkedIn-Memes scrollst, als tatsächlich zu arbeiten!«*

Allerdings besteht eine große Chance, dass Mia Ihre Antwort an die Vorgesetzten weiterleitet, was dazu führen könnte, dass Sie keinen Gehaltsscheck bekommen. Also zählen Sie gedanklich bis 10 und tippen zurück:

»Das liegt außerhalb meines Aufgabenbereichs, aber ich leite dir gerne noch einmal die Schulungsanleitung weiter.«

Ihre Antwort kommt sofort:

»Alles klar.«

. . .

Allerdings sind Sie nicht überzeugt, denn Sie wissen, was sie meint: *Ich warte bis 17:00 Uhr am Sonntag und schreibe dir dann in Panik eine E-Mail.*

Sie leiten ihr die Anleitung erneut weiter, versehen sie mit dem Vermerk »Zu deinen Unterlagen« und setzen Ihren Status sofort auf »Offline«, bevor sie Sie bitten kann, den Bericht auch noch »schnell zu formatieren«.

14. ZUR ZUKÜNFTIGEN REFERENZ

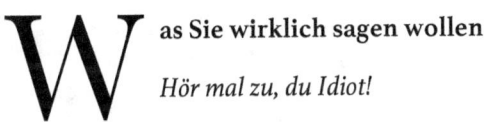as Sie wirklich sagen wollen:

Hör mal zu, du Idiot!

HR-genehmigte Alternative:

Zur zukünftigen Referenz...

Szenario:

Es ist früher Morgen im Büro und Sie bereuen es bereits, Ihre E-Mails gecheckt zu haben.

Ganz oben in Ihrem Posteingang befindet sich eine panische Nachricht von Tyler:

»DRINGEND: System ist DOWN! HILFE!!!«

. . .

Sie richten sich auf. *Ist das echt? Ist das gesamte System tatsächlich abgestürzt? Ist das der Tag, an dem alles endlich zusammenbricht?* Sie überprüfen hastig den Systemstatus. Alles ist in Ordnung. Keine Fehler. Keine Ausfälle. Das System funktioniert einwandfrei.

Also, was ist das Problem? Sie atmen tief durch und antworten:

»Hey, Tyler, was genau funktioniert nicht?«

Fünf Minuten später antwortet er:

»Oh! Ich konnte mich nicht einloggen. Aber ich habe meinen Computer neu gestartet und jetzt geht es. Danke!«

Oh. Oh nein. Hat Tyler gerade eine firmenweite Notfall-E-Mail geschickt, weil er vergessen hatte, seinen Laptop neu zu starten?

Sie ballen die Fäuste und überlegen, aufzustehen, zu Tylers Schreibtisch zu marschieren und zu sagen:

. . .

Was ich bei der Arbeit denke — und was ich wirklich sage

»Hör mal zu, du Idiot! Das System war nie down! Versuch das nächste Mal, den PC aus- und wieder einzuschalten, bevor du den Notstand ausrufst!«

Aber weil Tyler Sie wahrscheinlich wegen »verbaler Belästigung« melden würde, beschränken Sie sich darauf, einfach zu tippen:

»Zur zukünftigen Referenz: Solltest du auf Probleme stoßen, empfehlen wir, als ersten Schritt zur Fehlerbehebung einen Systemneustart durchzuführen. Sollte das Problem weiterhin bestehen, zögere bitte nicht, dich zu melden.«

15. ES GIBT NOCH LUFT NACH OBEN

Was Sie wirklich sagen wollen:

Du bist einfach nur Platzverschwendung.

HR-genehmigte Alternative:

Es gibt noch Luft nach oben.

Szenario:

Es ist Zeit für die Leistungsbeurteilung und Sie haben diesen Moment seit Wochen gefürchtet.

Sie sitzen Hailey gegenüber, der Praktikantin, die es irgendwie geschafft hat, »absolut nichts tun« zu einer Kunstform zu erheben.

. . .

In den letzten drei Monaten hatte Hailey versehentlich ihre Abwesenheitsnotiz aktiviert, obwohl sie *definitiv* im Büro war.

Darüber hinaus hat sie Sie etwa sieben Mal gefragt, wie man eine Datei an eine E-Mail anhängt, und 90 % ihres »Arbeitstages« damit verbracht, laut Kaugummi zu kauen und TikTok-Kompilationen an ihrem Schreibtisch zu schauen.

Jetzt, während Sie auf ihre »Selbsteinschätzung« starren (die aus zwei Aufzählungspunkten und einem Smiley besteht), wird Ihnen klar, dass Sie ihr Feedback geben müssen. Sie haben das Bedürfnis, das Pflaster abzureißen und ihr direkt zu sagen:

»Hailey, du bist einfach nur Platzverschwendung. Die Büropflanzen leisten mehr als du, und die sind aus Plastik. Ich bin mir ziemlich sicher, dass der Kaffeeautomat bessere Problemlösungsfähigkeiten hat.«

Doch dann erinnern Sie sich daran, dass das Berufsleben Zurückhaltung erfordert. Sie nehmen sich einen Moment, schauen ihr in die Augen und sagen:

»Hailey, deine Arbeit zeigt... Enthusiasmus. Dennoch gibt es definitiv noch Luft nach oben in Bereichen wie Zeitmanagement und technischen Fähigkeiten. Vielleicht könnten wir einige... zusätzliche Schulungsmöglichkeiten in Betracht ziehen?«

Hailey nickt begeistert. »Ja, ich wollte schon länger mehr lernen! Vielleicht so... ein Webinar oder so?«

Sie widerstehen dem Drang zu schreien.

Stattdessen melden Sie sie für das langweiligste Compliance-Training an, das Sie finden können, und machen sich mental eine Notiz, alle Bürosnacks zu verstecken.

16. KÖNNEN WIR DIE VERANTWORTLICHE PARTEI IDENTIFIZIEREN?

as Sie wirklich sagen wollen:

Wer von euch Vollidioten hat dieses Chaos verursacht?

HR-genehmigte Alternative:

Können wir die verantwortliche Partei identifizieren?

Szenario:

Sie kommen am Montagmorgen ins Büro und stellen fest, dass jemand die gemeinsame Projektdatenbank komplett zerstört hat.

Was einst eine sorgfältig organisierte Tabelle zur Verfolgung von Kundenbeziehungen und Partnerschaftsdetails war, enthält nun ein vollständiges Rezept für Bananenbrot (mit

Kommentaren), 37 Katzenmemes in den Kommentaren und eine Zelle, in der einfach steht: »TEST: NICHT LÖSCHEN« in Comic Sans 72pt.

Das Schlimmste?

Dies war die Masterdatei zur Verfolgung wichtiger Partnerschaftsdetails, einschließlich wertvoller Daten zu Unternehmenssponsoring im Wert von Millionen für das nächste Quartal. Ihr Auge zuckt wie bei einem defekten Roboter und Sie möchten fragen:

»Wer von euch Vollidioten hat dieses Chaos verursacht?«

Aber Sie erinnern sich, dass Sie nicht das Thema einer zukünftigen HR-Schulung sein möchten. Also, während Sie Ihre Tasse Tee wie einen Stressball umklammern, fragen Sie höflich:

»Team, können wir bitte die verantwortliche Partei identifizieren? Wir müssen verstehen, wie unser Sponsoring-Tracking-System sowohl zu einem Kochbuch als auch zu einem Meme-Museum geworden ist.«

Nach einem peinlichen Schweigen hebt die neue Marketingassistentin, Beth, zaghaft die Hand:

. . .

»Ähm... Ich glaube, das könnte ich gewesen sein. Ich wollte es... ansprechender gestalten?«

Ansprechender?

Sie widerstehen dem Drang, laut zu lachen oder zu weinen. Stattdessen bewahren Sie eine ernste Miene. Währenddessen zerbröckelt der Rest des Teams sichtbar und ihr unterdrücktes Lachen lässt sie aussehen, als litten sie unter einer Art Magen-Darm-Beschwerden.

Sie nicken langsam und weisen ihr ein Dateneingabetraining zu, das so gründlich ist, dass es sie auf die Entschlüsselung des Rosetta-Steins vorbereiten könnte.

Sie lassen hier nichts dem Zufall überlassen.

17. LASS MICH DARAUF ZURÜCKKOMMEN

Was Sie wirklich sagen wollen:

Ich habe keinen Bock auf diesen Scheiß.

HR-genehmigte Alternative:

Lass mich darauf zurückkommen.

Szenario:

Es ist 15:58 Uhr an einem Freitag. Sie sind mental schon im Feierabendmodus. Ihr Desktop ist auf ein einziges vorgetäuschtes Tabellenkalkulationsblatt reduziert. Sie haben Ihre Slack-Benachrichtigungen bereits stummgeschaltet und sind mitten in der Planung, welches fettige Essen Sie bestellen, sobald Sie ausgeloggt sind.

Und dann...

. . .

Ping!

Es ist Mark aus der Haustechnik. Derselbe Mark, der sich seit Monaten nicht gemeldet hat, weil er nur auftaucht, wenn etwas schiefzulaufen droht. Und das hat er zu sagen:

»Hey! Der Brandschutzbeauftragte will, dass wir den gesamten Materialschrank bis Montag neu organisieren. Kannst du das übernehmen?«

Sie starren auf die Nachricht. *Der Materialschrank?*

Der, der seit der großen Büroentrümpelung 2017 nicht mehr angerührt wurde? Der, in dem sich vier Arten von abgelaufenem Toner, ein Dutzend kaputter Stühle, 17 mysteriöse Kabel und ein einzelnes Klapphandy aus den frühen 2000er Jahren befinden?

Nein. Auf keinen Fall! Dieser Schrank hat Schichten. Es besteht eine echte Chance, dass etwas darin Rechte hat. Da gehen Sie nicht rein.

Sie wollen wirklich nur zurückschreiben: »*Mark, ich habe keinen Bock auf diesen Scheiß. Dieser Schrank wurde seit der Obama-Administration nicht mehr aufgeräumt und ehrlich gesagt, respektiere ich die Souveränität der Staubmäuse zu sehr, um ihr Ökosystem zu stören.«*

Und das würden Sie auch schreiben, wenn dies nicht das Unternehmensleben wäre. Aber es ist so, und Sie müssen so tun, als ob dies eine völlig vernünftige Anfrage zum Wochenende wäre. Also antworten Sie stattdessen:

»Lass mich darauf zurückkommen.«

Und was machen Sie danach? Sie tun so, als ob Sie mit anderen Aufgaben zu beschäftigt wären. Am Montag ist der Schrank wie durch ein Wunder neu organisiert. Natürlich nicht von Ihnen. Wahrscheinlich von dem neuen Aushilfsmitarbeiter, der immer noch denkt, dass Helfen zu einer Festanstellung führt.

Sie überlegen, ihm eine Dankes-E-Mail zu schicken. Vielleicht ein Muffin. Aber jetzt? Sie nicken einfach und flüstern: »Nicht alle Helden tragen Umhänge«, während Sie Ihren Kaffee schlürfen und so tun, als ob nichts davon jemals passiert wäre.

18. WIR STREBEN DANACH, ÜBER UNS HINAUSZUWACHSEN

Was Sie wirklich sagen wollen:

Willst du mich verarschen?

HR-genehmigte Alternative:

Wir streben danach, über uns hinauszuwachsen.

Szenario:

Sie sind in einem Zoom-Call mit Ian aus der IT und Nina aus dem Marketing. Ihr drei seid im Hochgefühl, nachdem ihr eine makellose Demo des neuen Kundenportals präsentiert habt – das Portal, das euch in den letzten sechs Wochen fast die Seele geraubt hat. Ihr habt in diesem Portal gelebt und sogar in Hex-Codes geträumt.

. . .

Aber jetzt... ist es geschafft. Geschafft! Das Logo des Kunden dreht sich wunderschön auf der Startseite, das UX-Design fließt wie ein sanfter Fluss und zum ersten Mal ist nichts explodiert. Ihr lehnt euch alle leicht in euren Stühlen zurück – lächelnd, siegreich.

Dann schaltet sich die Projektmanagerin des Kunden, Emily, zu und zerstört mit einem Satz eure Welt:

»Ich liebe das Design! Nur eine kleine Änderung: Wir möchten, dass jeder Button im Portal beim Klicken einen anderen Entenquak abspielt. Einen für den Morgen, einen anderen für den Nachmittag und noch einen für die Abendstunden. Einfach, um den sich entwickelnden Ton unserer Marke im Laufe des Tages widerzuspiegeln.«

Stille.

Ians Gesicht wird ausdruckslos. Ninas Auge zuckt wie ein kaputter Rollladen. Und Sie? Ihr Gehirn lädt noch.

Hat sie gerade Quak gesagt? Wie... das Geräusch, das eine Ente macht? Und hat sie gerade zeitabhängige Entensound-Variationen verlangt?

Sie sind nur wenige Sekunden davon entfernt, herauszupoltern:

Was ich bei der Arbeit denke — und was ich wirklich sage 63

. . .

»Willst du mich verarschen? Hat eine Ente eure Markenrichtlinien geschrieben? Ist das hier eine Fisher-Price-Website?«

Aber dann sehen Sie Ians dezentes Kopfschütteln und wissen, dass Sie das Meeting gleich in ein Schlachtfeld verwandeln werden. Also räuspern Sie sich und sagen:

»Wir streben danach, über uns hinauszuwachsen und unseren Kunden das Beste zu bieten! Lassen Sie uns einige alternative Wege erkunden, um dem Portal Persönlichkeit zu verleihen – Wege, die die Benutzer nicht verwirren oder sie denken lassen, sie hätten sich Malware heruntergeladen.«

Ihr Team versteht sofort, dass Sie dem Kunden gerade höflich gesagt haben: »Über meine Leiche wird diese Website wie ein Streichelzoo klingen.« Und so stimmen auch sie ein.

Ian, Gott segne ihn, sagt: »Audioelemente könnten die Ladezeiten beeinflussen... und die Barrierefreiheit.«

Und Nina, wie immer die Diplomatin, fügt hinzu: »Was, wenn wir das Quaken *visuell* durch ein paar animierte Icons andeuten?«

. . .

Emily zögert. Für einen Moment denken Sie, sie wird nochmal nachlegen. Dann sagt sie: »Hmm. Vielleicht nur ein Quaken? So... auf der Startseite?«

Sie antworten ohne zu zögern – »Notiert!« – und zählen im Kopf die verbleibenden Sekunden dieses Meetings.

19. ICH WERDE ES MIR MERKEN

Was Sie wirklich sagen wollen:

Habe ich nach deiner Meinung gefragt? Nein, habe ich nicht, du Idiot!

HR-genehmigte Alternative:

Ich werde es mir merken.

Szenario:

Sie hatten einen langen Tag und geben Ihrem Vorschlag zur Lagerauffüllung gerade den letzten Schliff an – eine Tabelle, die zwei Wochen, 20 Pivot-Tabellen und mehr Koffein, als Ihr Arzt erlauben würde, gekostet hat. Sie haben alles dreimal überprüft: Lieferantencodes, Versandpläne, alles!

. . .

Sie sind stolz auf Ihre Arbeit und bereit, auf »Senden« zu klicken und sich mit einer Tüte Brezeln und 15 Minuten »Zusammenarbeit« im Pausenraum zu belohnen.

Doch genau in diesem Moment beschließt Ethan vorbeizukommen. Er beugt sich über Ihren Schreibtisch, kneift die Augen zusammen und sagt:

»Oh… du benutzt immer noch diesen Lieferanten für die Auffüllung? Hmm. Mutige Wahl.«

Sie blinzeln. *Mutige Wahl? MUTIGE WAHL?!* Ethans Job ist es, Rechnungen auszugleichen, nicht die Lagerlogistik zu überwachen. Er hat einmal versucht, das Snack-Budget zu »prüfen« und beinahe einen Aufstand ausgelöst.

Außerdem haben Sie nicht nach Ethan gefragt. Niemand hat nach Ethan gefragt. Ethan ist einfach… aufgetaucht. Wie eine Fruchtfliege.

Sie sehen ihn an und haben halb im Sinn zu sagen: »Habe ich nach deiner Meinung gefragt? Nein, habe ich nicht, du Idiot! Sie sortieren Tabellenspalten für Ihren Lebensunterhalt, keine Frachtpapiere.«

Doch Sie beißen sich auf die Zunge, während Sie Ihre

Tabelle langsam minimieren, als würden Sie geheime Regierungsdaten verstecken, und antworten dann:

»Ich werde es mir merken!«

Ethan lächelt, als hätte er gerade den Welthunger gelöst, und schlendert mit der selbstgefälligen Zufriedenheit eines Mannes davon, der einmal die Hälfte eines Buches über Lieferkettentheorie gelesen hat.

Sie drehen sich zurück zu Ihrem Bildschirm, atmen durch die Nase wie ein wütender Drache aus und öffnen die Datei erneut. Sie nehmen keine Änderungen vor. Sie senden den Bericht so, wie er ist. Und überraschenderweise (*nicht!*)... wird er von der Führung genau so genehmigt, wie Sie ihn erstellt haben.

Sie sehen Ethan am nächsten Tag im Flur. Er gibt Ihnen einen Daumen nach oben. Sie lächeln höflich zurück und flüstern leise:

»Mutige Wahl, mein Arsch.«

20. LASS UNS REINHÄNGEN

Was Sie wirklich sagen wollen:
Reiß deinen verdammten Arsch zusammen.

HR-genehmigte Alternative:

Lass uns reinhängen.

Szenario:

Sie wurden mit Jordan aus der Beschaffung für eine zeitkritische, sehr reale und sehr wichtige Aufgabe gepaart: die Vorbereitung der Lieferantenprüfungspräsentation für die Überprüfung durch den CFO. Es ist kein Vorschlag. Es ist kein »Nice-to-have«. Es ist die Art von Sache, die zu Beförderungen führen kann… oder zu öffentlicher Schande auf Folie 4.

. . .

Sie haben Ihren Teil erledigt – Unstimmigkeiten in den Lieferantenverträgen bereinigt, aktualisierte Compliance-Hinweise hinzugefügt und sogar die Zahlen aus dem dubiosen Rechnungshaufen dreimal überprüft, den alle anderen »mysteriöserweise« vergessen haben.

Jordan? Jordan hat eine Titelfolie beigesteuert. Das war's. Eine Titelfolie. Mit den Worten: *Lieferantenprüfung 2025.*

Es ist jetzt Donnerstag und die Präsentation ist am Freitag um 12 Uhr fällig. Sie pingen Jordan (wieder) und er antwortet:

»Ups! Ja, ich war mit anderen Sachen voll ausgelastet. Aber ich werde mich heute Abend reinhängen!«

Sie wissen bereits, dass »sich heute Abend reinhängen« bedeutet, dass er morgen um 11:49 Uhr Ihre Google Slides überfliegen wird, während er Joghurt vom Deckel leckt.

Sie wollen ernsthaft rübergehen, ihm direkt in die Augen sehen und sagen:

»Jordan. Reiß deinen verdammten Arsch zusammen. Das ist nicht die Energie für den CFO-Tag. Das ist das genaue Gegenteil von hilfreich.«

. . .

Aber leider ist HR kein Fan von ungefilterten Wahrheitsbomben. Also tippen Sie stattdessen einfach:

»Lass uns reinhängen und das heute erledigen, damit wir für morgen bereit sind!«

Jordan reagiert mit einem Daumen-hoch-Emoji. Sie starren es an, als hätte es Ihre Familie persönlich beleidigt. Dann, wie jeder Überflieger, der von milder Wut und Angst angetrieben wird, erledigen Sie seinen Teil selbst. Der Freitag kommt.

Der CFO liebt die Präsentation. »Tolle Teamarbeit«, sagt er.

Jordan nickt, als hätte er PowerPoint persönlich erfunden. Sie nicken zurück und kämpfen gegen den Drang an, ihm eine zu verpassen.

21. ICH HÖRE DICH. ABER WIR MÜSSEN UMSCHWENKEN

as Sie wirklich sagen wollen:

Das ist die dümmste Scheißidee, die ich je gehört habe.

HR-genehmigte Alternative:

Ich höre dich. Aber wir müssen umschwenken.

Szenario:

Es ist Donnerstagmorgen und die Brainstorming-Sitzung für die Social-Media-Kampagne dieses Quartals hat offiziell die Phase des völligen Kontrollverlusts erreicht. Das Whiteboard ist ein Tatort voller durchgestrichener Ideen: »Virale TikTok-Challenge« (zu riskant), »Guerrilla-Flashmob« (zu teuer), »Praktikant mit Megafon« (einfach... nein).

. . .

Die Hälfte des Teams sieht so aus, als stünde sie einen Kaffeefleck vom Nervenzusammenbruch entfernt. In diesem Moment macht Bryce aus der Kreativabteilung seinen Zug.

Bryce, der Neue, der erst seit drei Wochen hier ist, aber bereits drinnen eine Mütze trägt, als wäre das ein Persönlichkeitsmerkmal. Bryce, der sich selbst einmal als »Brand-Schamane« bezeichnet hat und noch keine einzige umsetzbare Idee beigesteuert hat – es sei denn, man zählt das Umordnen der Haftnotizen zu einer »Spirale für die Energie«.

Er lehnt sich dramatisch vor, seine Augen leuchten, als würde er gleich die Bergpredigt halten, doch dann sagt er:

»Was, wenn wir... anstelle eines Newsletters eine monatliche Tarot-Lesung für Kunden starten? Aber so... per E-Mail. Vielleicht ist die Zukunft ihrer KPIs... in den Sternen verborgen?«

Stille. Die Art von Stille, in der man praktisch hören kann, wie die Gehirnzellen aller Anwesenden kollektiv ausfallen.

Suzie aus der Buchhaltung lässt ihren Stift fallen – er klappert laut auf den Boden. Monica aus der Rechtsabteilung blinzelt so heftig, dass man befürchtet, sie könnte eine Wimper verlieren. Der Praktikant beginnt verzweifelt

»Tarot« zu googeln, als ob sein unbezahlter Status jetzt einen Crashkurs in Astrologie beinhalten würde.

Währenddessen sitzen Sie da und halten Ihre Kaffeetasse so fest, dass sie nur noch einen Motivationsspruch vom Zerbrechen entfernt ist.

Innerlich schreien Sie: »*Bryce, das ist die dümmste Scheiße, die ich je gehört habe. Unsere Kunden interessieren sich nicht für Horoskope – die stellen Klimaanlagen für Bürogebäude in Omaha her, keine Kräuterkerzen für mondbeschienene Zeremonien in Topanga Canyon!*«

Aber das können Sie nicht sagen. Sie streben nach der Anerkennung als »Führungspotenzial« und jemanden niederzuschreien sieht in einer Leistungsbeurteilung nicht gerade gut aus. Also nehmen Sie stattdessen einen sehr langen Schluck von Ihrem lauwarmen Kaffee und sagen:

»Ich höre dich, Bryce. Es ist ein interessanter Ansatz. Aber lass uns umschwenken – vielleicht konzentrieren wir uns statt auf Horoskope auf Echtzeit-Datenanalysen. Etwas Greifbares. Etwas Handfestes.«

Bryce nickt ernst, als hätten Sie gerade uralte Weisheiten verkündet. »Ja. Ja, Daten sind die Sprache des Universums.« Dann fängt er an, ein Schützen-Symbol in sein Notizbuch zu kritzeln. Verkehrt herum.

. . .

Der Raum bleibt noch einen Moment lang totenstill – bis jemand laut schnaubt. Und dann ist es vorbei. Das gesamte Team bricht in unkontrolliertes Gelächter aus, während Sie diesen Moment mental unter *Gründe, warum ich eine Gehaltserhöhung verdiene* ablegen.

22. ADVOCATUS DIABOLI: WARUM SOLLTE DAS NICHT FUNKTIONIEREN?

Was Sie wirklich sagen wollen:

Du liegst einfach komplett daneben.

HR-genehmigte Alternative:

Advocatus Diaboli: Warum sollte das nicht funktionieren?

Szenario:

Sie sind in einer abteilungsübergreifenden Besprechung zur Neugestaltung des internen Ticketsystems.

Das aktuelle System ist so veraltet, dass es fast schon Wählverbindung erfordert. Alle sind sich einig: Es ist Zeit für ein Upgrade.

. . .

Dann meldet sich Trevor aus der Einkaufsabteilung zu Wort.

Trevor, der ein Bluetooth-Headset trägt, als würde er auf einen Anruf von der NASA warten. Trevor, dessen gesamtes Erscheinungsbild schreit: »Excel, aber lauter.«

Er räuspert sich und sagt trocken:

»Was, wenn wir statt einer digitalen Plattform wieder zu Papierformularen zurückkehren? Die Leute füllen sie aus, werfen sie in eine Box und jeden Freitag sammelt sie jemand ein. Das ist doch greifbarer, oder?«

Sie blinzeln, starren und fragen sich kurz, ob Trevor sich an einem Regal im Lager den Kopf gestoßen hat.

Pam aus der Verwaltung verschluckt sich an ihrem Tee.

Asha aus der IT sieht aus, als wolle sie eine Beschwerde gegen die Menschlichkeit einreichen.

Innerlich schreien Sie: »Du liegst einfach komplett daneben, Trevor. Wir haben nicht mehr 1993. Bringen wir dann auch Pager, Disketten und Wählverbindung zurück?!«

. . .

Aber Sie neigen den Kopf, als wären Sie wirklich neugierig, und fragen:

»Advocatus Diaboli: Warum sollte das nicht funktionieren?«

Trevor strahlt.

»Na ja«, beginnt er, während er sein Bluetooth-Headset so einstellt, als würde er gleich ein Flugzeug landen, »digitale Plattformen schaffen zu viel Abhängigkeit von stabilem Internet und technischem Know-how. Nicht jeder fühlt sich mit digitalen Oberflächen wohl und wenn etwas kaputt geht, bricht der gesamte Workflow zusammen. Papier ist zuverlässig. Papier muss man nie neu starten.«

Er lächelt, als hätte er gerade die Bühne der Innovation mit einem dramatischen Mic Drop verlassen.

Zum Glück greift Asha wie eine Heldin ein:

»Sicherheit? Katastrophe. Nachverfolgung? Keine Chance. Und Entwaldung? Schon mal gehört?«

Trevor nickt nachdenklich... und erwähnt Papierformulare nie wieder.

. . .

Nach dem Call lehnen Sie sich zurück, blicken aus dem Fenster und flüstern:

»Advocatus Diaboli: Warum ist Trevor eigentlich angestellt?«

23. LASS UNS DARÜBER SPRECHEN

Was Sie wirklich sagen wollen:

Ich habe gerade keinen Nerv für deinen Unsinn.

HR-genehmigte Alternative:

Lass uns darüber sprechen.

Szenario:

Es ist 9:06 Uhr an einem Dienstagmorgen und Sie sind mental noch immer im Wochenendmodus.

Sie haben heute *genau* ein Ziel: bis zum Mittagessen durchhalten, ohne in Ihre Tastatur zu weinen oder im Stress Croissants zu bestellen.

. . .

Sie sind gerade dabei, eine E-Mail zu schreiben und versuchen, einen Anruf mit einem Lieferanten für die Kampagne zur Einführung der umweltfreundlichen Verpackung zu koordinieren – eine monatelange Initiative, die als »der Eckpfeiler des Q2«, »ein Game-Changer« und »das, was den CMO nachts wach hält«, beschrieben wurde.

Brittani aus der »Brand Activation«, einer Abteilung, die so mysteriös ist, dass Sie überzeugt sind, sie existiert nur im Q4, stürmt an Ihren Schreibtisch. Sie hält ein glitzerndes Moodboard in der Hand, das mit Zeitschriftenausschnitten bedeckt ist – und Moment, ist das eine Feder?

Brittani vibriert fast vor Aufregung. »Ich hatte letzte Nacht eine Vision! Für die Launch-Party: ein immersives Dschungelerlebnis! LED-Papageien. Nebelmaschinen. Safari-Hüte. Und, hör dir das an – gebrandete Kokosnüsse mit kompostierbaren Strohhalmen!«

Sie brauchen einen Moment, um zu verarbeiten, was Brittani gerade gesagt hat, und Sie wollen sagen:

»Weißt du was? Ich habe gerade keinen Nerv für deinen Unsinn. Ich habe Outlook noch nicht einmal geöffnet. Und Kokosnüsse? Ernsthaft?«

Aber Sie tun es nicht. Sie sammeln einfach jeden Funken Professionalität, den Sie aufbringen können, und sagen:

»Lass uns darüber sprechen, nachdem ich mit der Rechtsabteilung gesprochen habe.«

Aber Sie wissen, was Sie wirklich meinen: *»Ich lasse die Rechtsabteilung diesen Wahnsinn stoppen, damit ich es nicht tun muss.«*

Brittani strahlt. »Fantastisch! Ich fange an, Papageien zu besorgen!«

Sie geht einen Song von Beyoncé summend weg und lässt Sie verwirrt zurück, während Sie sich fragen: *»Wie hat sie diesen Job noch? Und woher zum Teufel hat sie diese Feder?«*

24. SIE ÜBERNEHMEN DIE VERANTWORTUNG DAFÜR

Was Sie wirklich sagen wollen:

Hör auf, ein fauler Sack zu sein!

HR-genehmigte Alternative:

Sie übernehmen die Verantwortung dafür.

Szenario:

Sie ertrinken in Deadlines, Ihre Augen zucken, weil Sie auf ein Excel-Blatt starren, dessen Formeln so komplex sind, dass Sie schon fast überzeugt davon sind, Sie hätten versehentlich eine uralte Tabellenkalkulationsgottheit beschworen.

Da schlendert Darren aus der Finanzabteilung mit einem

Was ich bei der Arbeit denke — und was ich wirklich sage 83

Eiskaffee in der Hand heran, als wäre er in einer Rom-Com-Montage. Keine Eile, keine Sorgen.

»Hey«, sagt er und dehnt diese eine Silbe zu einem ganzen Manifest. »Kurze Sache – könntest du die aktualisierte Kostenanalyse für Q3 zusammenstellen? Sollte nicht lange dauern.«

Sie blinzeln. Langsam. Weil Sie diese Zahlen *tatsächlich* schon erstellt haben. Letzte Woche. Sie haben die Zellen farblich markiert. Sie haben bedingte Formatierungen angewendet. Sie haben praktisch Ihre Seele in diese Tabelle gesteckt.

Aber Darren hat die Datei nicht geöffnet. Darren, der »viel zu tun hatte« – also auf dem MoneyFest 2025 war, einem dreitägigen Offsite, bei dem seine Hauptaufgabe darin bestand, Instagram-Selfies mit den Captions »Der Grind hört nie auf!« und »#FiscalAF« zu posten.

Sie möchten schreien: »Darren, hör auf, ein fauler Sack zu sein, und mach deine Arbeit. Das hier ist kein TED-Talk über Kaffee; das ist das echte Leben.«

Aber Sie haben das Corporate Training durchlaufen. Sie sind ein Profi. Also atmen Sie langsam und ruhig ein und sagen einfach: »Sie übernehmen die Verantwortung dafür.«

. . .

Darren grinst und versteht den Subtext überhaupt nicht. »Cool, cool. Lass mich einfach wissen, wenn es fertig ist!«

Er geht davon, seinen Eiskaffee schlürfend, als wäre er der Star einer Produktivitätsparodie. Sie hingegen benennen Ihre Tabelle in *Darrens Chaos (Endgültige Endversion).xlsx* um und fragen sich, wie viele Darrens die Arbeitswelt verkraften kann, bevor sie komplett zusammenbricht.

25. WIR STEHEN HIER AN VORDERSTER FRONT

Was Sie wirklich sagen wollen:

Sie müssen diesen Scheiß jetzt in Ordnung bringen.

HR-genehmigte Alternative:

Wir stehen hier an vorderster Front.

Szenario:

10:00 Uhr: Krisensitzung mit allen Mitarbeitern.

Das Kundenportal ist nicht nur ausgefallen – es ist *Error-404-Ihr-Geschäft-ist-jetzt-verloren* ausgefallen.

. . .

Die Kunden geraten in Panik. E-Mails prasseln herein. Das Team ist in Aufruhr.

Und Dylan aus der IT?

Nirgendwo zu finden.

Nach einer verzweifelten Suche finden Sie ihn im Pausenraum, wo er gelassen an einem Burrito von der Größe eines Kleinkindes knabbert – denn natürlich läuft Dylan nach Burrito-Zeit, nicht nach Krisenzeit.

Sie sagen mit zusammengebissenen Zähnen: »Dylan. Das Portal. Es ist seit einer Stunde down. Die Kunden drehen durch.«

Dylan antwortet mit vollem Mund, null Eile: »Äh, ja. Wahrscheinlich nur ein Server-Hickup. Ich kümmere mich darum, nachdem ich den Burrito gegessen habe. Muss mich mit Kohlenhydraten für Höchstleistungen versorgen, weißt du?«

Sie wollen natürlich schreien: »DYLAN, DU MUSST DIESEN SCHEISS JETZT IN ORDNUNG BRINGEN ODER ICH ERSETZE DICH DURCH EINEN CHATBOT, DER DEADLINES EINHÄLT.«

. . .

Aber stattdessen, mit der ruhigen Wut eines erfahrenen Bürokriegers, sagen Sie: »Dylan, wir stehen hier an vorderster Front. Die Kunden geraten völlig aus dem Häuschen. Können wir den Burrito später in die Mikrowelle schieben?«

Dylan seufzt dramatisch, als ob er der Leidtragende wäre.

»Na gut, na gut. Aber danach mache ich definitiv Pause zum Mittagessen.«

Sie nicken und entwerfen bereits im Kopf eine Stellenanzeige mit dem Titel:

IT-Spezialist gesucht – muss Server wichtiger nehmen als Snacks

26. WIR SIND EINE FAMILIE

as Sie wirklich sagen wollen:

Glaubst du, irgendjemand von uns ist glücklich, an einem Freitagabend hier zu sitzen?

HR-genehmigte Alternative:

Wir sind eine Familie.

Szenario:

Es ist Freitagabend und Sie sind im Büro.

Irgendwo auf der Welt stoßen Menschen mit Gläsern an, essen Tacos und tragen keine Ausweise um den Hals.

Aber nicht Sie. Nicht Ihr Team.

Was ich bei der Arbeit denke — und was ich wirklich sage 89

. . .

Nee.

Sie sitzen zusammengepfercht in Konferenzraum B – einem Raum, der permanent nach verbranntem Kaffee und Reue riecht – und starren auf einen flackernden Monitor.

Die Präsentation für den Kunden muss Montagmorgen fertig sein und Natalie aus der Eventabteilung hat gerade die Bombe platzen lassen: Ihre gesamte Präsentation ist in Papyrus geschrieben.

Natalie beginnt mit panischer Stimme: »Ich verstehe das nicht. Auf meinem Laptop sah das gut aus!«

Sie fühlen sich innerlich tot, während Sie antworten: »Sie haben das seit Dienstag.«

Natalie hat mit Tränen in den Augen und hält einem Hafermilch-Latte in der Hand, als wäre es ein emotionaler Unterstützungsdrink, und sagt: »Ja, aber Dienstag war echt hart für mich.«

Sie blicken sich im Raum um: Tom ist bei seinem fünften Red Bull und vibriert sichtlich, Asha hat seit Stunden nicht mehr geblinzelt und Jared aus der Rechtsabteilung?

Der ist buchstäblich eingeschlafen. Mund offen. Schnarcht.

Dann kommt Natalies Knaller: »Ich finde es einfach nicht fair, dass ich länger bleiben muss, um das zu reparieren.«

Oh nein. Ohhh nein nein nein.

Sie wollen schreien:

»Fair? Natalie, glaubst du, irgendjemand von uns ist glücklich, an einem Freitagabend hier zu sitzen? Keiner von uns will hier sein. Es ist Freitag, um Himmels willen! Meine Tacos sind weg. Meine Seele ist weg. Wir sind alle um 18 Uhr gestorben.«

Aber das schreien Sie nicht. Nein.

Was Sie tatsächlich sagen (mit der ruhigen Wut eines Motivationsredners, der am Ende seiner Nerven ist), ist:

»Schau, Natalie... wir sind eine Familie. Und Familien unterstützen sich gegenseitig, durch dick und dünn, oder?«

Natalie nickt und wechselt endlich zur akzeptablen Schriftart.

. . .

Tom jubelt, Asha blinzelt und Jared wacht aus seinem Nickerchen auf.

27. KÖNNTEN SIE DAS NOCH EINMAL ÜBERPRÜFEN? UND WENN SIE ES GENAUER ANALYSIEREN KÖNNTEN, WÄRE DAS GROSSARTIG

Was Sie wirklich sagen wollen:

Dieser Bericht ist völlig nutzlos.

HR-genehmigte Alternative:

Könnten Sie das noch einmal überprüfen? Und wenn Sie es genauer analysieren könnten, wäre das großartig.

Szenario:

Es ist das wöchentliche Verkaufsmeeting und Brad übergibt Ihnen seinen "umfassenden" Q2-Verkaufsbericht. Er ist 47 Seiten lang, was vielversprechend wirkt – bis Sie ihn öffnen.

Die Einleitung? Drei Seiten voller Unternehmensfloskeln. Es gibt 12 unbeschriftete Diagramme, die eher auf Vermutungen als auf Daten basieren. Und Folie 26? Ein unscharfes Screenshot von... irgendetwas. Excel? Ein Spukhaus? Sie sind sich nicht sicher.

Das Fazit? »Der Verkauf läuft... irgendwie.«

Währenddessen lehnt Brad sich in seinem Stuhl zurück – stolz, als hätte er gerade den Weltfrieden gerettet. Sie starren ihn an und sind versucht zu fragen:

»Brad, ist deine Katze über die Tastatur gelaufen? Hast du einen Waschbären bestochen, diese Folien zu erstellen? Denn dieser Bericht ist nutzlos! Glaub mir, ich habe auf einer Snapple-Flasche mehr Erkenntnisse gefunden!«

Aber Sie sind ein Profi. Und so etwas machen wir hier nicht. Also umklammern Sie Ihren Mehrwegbecher, als wäre er ein Rettungsring, und sagen mit ruhiger Stimme:

»Brad, danke, dass Sie das zusammengestellt haben! Könnten Sie es aber noch einmal überprüfen? Und wenn Sie es genauer analysieren könnten, wäre das großartig. Fassen Sie einfach die wichtigsten Punkte zusammen. Und vielleicht versuchen Sie, echte Worte statt abstrakter Konzepte zu verwenden, wenn möglich.«

. . .

Brad nickt ernst, als hätten Sie in Rätseln gesprochen, und startet ahnungslos die PowerPoint erneut.

»Klar! Ich füge noch mehr... Datenkram hinzu.«

Sie lächeln und nicken, während Sie innerlich ein wenig sterben.

28. HAST DU EINE MINUTE FÜR EIN KURZES GESPRÄCH?

Was Sie wirklich sagen wollen:

Du steckst jetzt richtig in der Klemme.

HR-genehmigte Alternative:

Hast du eine Minute für ein kurzes Gespräch?

Szenario:

Das gesamte Team wurde in eine Selbstbedienungs-Frozen-Yogurt-Bar entlassen, weil Ihr Manager einen Artikel mit dem Titel ›Geben Sie Ihren Mitarbeitenden mehr Autonomie‹ gelesen hatte – und dachte, das sei eine brillante Metapher.

Die Leute lachen. Sie mischen sich untereinander. Sie knüpfen Kontakte über Kekskrümel-Toppings.

. . .

Dann passiert Connor.

Connor aus der Rechtsabteilung lungert in der Nähe der Toppings herum, als würde er den Laden auskundschaften. Zuerst denken Sie sich nichts dabei – bis Sie bemerken, wie er Reese's Cups direkt in einen Ziploc-Beutel schaufelt, den er von zu Hause mitgebracht hat.

Sie blinzeln.

Dann greift er nach den Erdnuss-M&Ms und den Mochi. Jetzt füllt er einen zweiten Beutel.

Sie erstarren – nicht wegen des Frozen Yogurts, sondern aus purer Ungläubigkeit. Sie schauen sich um. Sieht das sonst noch jemand? Nein. Nur Sie. Und der jugendliche Frozen-Yogurt-Mitarbeiter hinter der Theke, der bereits verzweifelt seinen Manager anruft.

Sie marschieren auf Connor zu und möchten ihm zischend zurufen:

»Connor, du steckst richtig in der Klemme! Hast du dir deine Umgebung angesehen? Das hier ist nicht Costco. Du kannst die Toppings nicht in Massen schmuggeln, als würdest du dich auf die Apokalypse vorbereiten.«

Aber Sie tun es nicht – Sie bleiben so cool wie der Frozen Yogurt. Sie holen tief Luft, tippen ihm auf die Schulter und sagen:

»Hey Connor, hast du eine Minute für ein kurzes Gespräch?«

Sie sehen an seinem Gesichtsausdruck, dass er Ihre telepathische Botschaft verstanden hat: »Leg die Gummibärchen weg und tritt von den Toppings zurück, du Snack-Bandit.«

Connor fragt verwirrt: »Oh... gab es ein Limit?«

Sie atmen tief ein und antworten.

»Ja, Connor. Das Limit war ein Becher – nicht eine Szene aus *Ocean's 11: Dessert Edition*.«

Sie führen ihn weg wie ein Türsteher auf einer Süßwarenmesse, während Connor etwas von »Mitarbeitervergünstigungen« murmelt. Derweil gibt Ihnen der Froyo-Teen ein dankbares Daumen hoch.

Sie haben den großen Topping-Diebstahl des Jahres gerade noch verhindert.

Sie erinnern sich, dass Connors Job nächste Woche ein verpflichtendes Ethiktraining beinhaltet. Mit dir. Auf Zoom.

Sie bereiten bereits die Folien vor.

Und die erste lautet definitiv: *Du sollst die Streusel nicht plündern.*

29. VIEL ZU BESPRECHEN HIER

Was Sie wirklich sagen wollen:

Wovon zum Teufel redest du?

HR-genehmigte Alternative:

Viel zu besprechen hier.

Szenario:

Es ist Tag 2 des »Digital Detox«-Retreats der Firma. Der Ort? Eine verdächtig feuchte Hütte im Wald.

Sie sitzen in einem Kreis aus Sitzsäcken und nippen an lauwarmem Kräutertee, der nach existenzieller Verzweiflung schmeckt. Es sind 36 Stunden ohne WLAN, Koffein oder einen Hauch von Vernunft vergangen. Ihr Handy wurde gestern in einer »Technik-Abgabebox« eingeschlossen und Sie sind zu 98 % sicher, dass jemand während des morgendlichen Atemkreises geweint hat.

Dann kommt Aubrey. Neue Mitarbeiterin. Abteilung unbekannt. Vielleicht HR. Vielleicht eine Teilzeit-Spiritualitätsberaterin. Definitiv ein wandelnder TED-Talk in Birkenstocks.

Aubrey hebt mitten im Kreis die Hand, ihre Augen leuchten vor Begeisterung wie bei jemandem, der noch nie Excel benutzt hat, und sagt:

»Ich denke, wenn wir unsere Chakren mit unseren quartalsweisen OKRs in Einklang bringen, erreichen wir endlich die Synergie für Q3.«

Sie starren. Alle anderen nicken ernst. Jemand flüstert: »Mächtig.« Ein anderer schreibt es auf, als würde er die Zehn Gebote in Stein meißeln.

Sie können Ihren Ohren nicht trauen und möchten sagen:

»Wovon zum Teufel redest du? Chakren gehören nicht in Pivot-Tabellen, Aubrey.«

. . .

Aber das zu sagen würde Ihnen viele spöttische Blicke einbringen. Also, während Sie Ihre Schläfen reiben, als beherbergten sie eine Migräne aus PowerPoint, sagen Sie stattdessen:

»Viel zu besprechen hier.«

Sie schreien innerlich: *Das ist ein Kult. Du bist einem Kult beigetreten. Und jetzt bin ich auch dabei, wegen einer Slack-Einladung.*

Aubrey strahlt, unbeeindruckt. »Richtig? Ich habe einfach das Gefühl, wenn wir KPIs als persönliche Wachstumsabsichten umdefinieren-«

Sie halten Ihren Tee hoch. »Okay, ich werde dich hier stoppen, bevor ich-«

Ihr Manager, barfuß und in einen handgewebten Team-Building-Poncho gehüllt, mischt sich ein:

»Lassen Sie uns darauf nach dem achtsamen Summen zurückkommen.«

Sie atmen tief durch. Nicht, weil es erdend ist – sondern

weil es entweder das ist oder Sie mental komplett abschalten.

30. LASS UNS EINEN PROZESS ETABLIEREN

Was Sie wirklich sagen wollen:

Du hast es wieder verkackt?

HR-genehmigte Alternative:

Lass uns einen Prozess etablieren.

Szenario:

Es ist Donnerstag, 15:22 Uhr, und die Kundenpräsentation ist in einer Stunde.

Es ist die letzte Deadline – na ja, die dritte letzte Deadline, weil jemand immer nur »ein paar kleine Änderungen« macht. Sie haben seit Tagen nicht richtig geschlafen. Sie bestehen zu 70 % aus Koffein und zu 30 % aus brodelnder Wut. Und diese Präsentation? Sie hat 12 Versionen durchlaufen. *Zwölf.* An diesem Punkt hat sie wahrscheinlich Anspruch auf eine Rente.

Sie öffnen die Datei, von der Eric aus dem Marketing geschworen hat – und das ist das Schlüsselwort –, dass sie poliert, korrekturgelesen und bereit sei, zu beeindrucken.

Sie klicken auf Folie 1, aber da steht der falsche Kundenname. Folie 2? Das Logo des Konkurrenten. Folie 3? Ein Delfin. Keine clevere Metapher. Kein Kundenmaskottchen. Einfach ein Vollbildfoto eines Delfins, der lächelt, als wüsste er etwas, das Sie nicht wissen.

Sie blinzeln und reiben sich die Augen. Dann klicken Sie noch einmal auf die dritte Folie.

Jap! Immer noch da. Immer noch sehr aquatisch.

Langsam drehen Sie sich auf Ihrem Stuhl um und schauen zu Eric, der gemütlich Brezeln knabbert, als hätte er nicht gerade eine PowerPoint-Präsentation hochgeladen, die direkt aus einem Fiebertraum stammt. Sie möchten verzweifelt sagen:

. . .

»Eric. Du hast es wieder verkackt? Betreibst du nebenbei Sabotage?«

Aber Sie tun es nicht. Weil Eric Sie für »aggressiv« am Arbeitsplatz melden würde. Stattdessen sagen Sie ruhig:

»Okay... lass uns einen Prozess für die Zukunft etablieren – etwas Einfaches, wie... sicherzustellen, dass die Präsentation keine Meerestiere oder Logos enthält, die den Account ruinieren könnten.«

Eric schaut mitten im Kauen auf und lacht.

»Oh, komisch! Vielleicht habe ich die falsche Version hochgeladen. Ich hatte, ähm, vier offen. Haha.«

Sie wiederholen dieses »Haha« nicht. Stattdessen öffnen Sie Ihre Backup-Datei (Final_Final_ActualFinal_THISONEv2.pptx) und beginnen, jede Folie zu korrigieren. Wieder. Delfin? Gelöscht. Firmenruf? Gerettet.

Eric, immer noch glücklich angestellt, schlendert mit Brezeln in der Hand davon.

31. ICH HABE GERADE KEINE KAPAZITÄTEN

Was Sie wirklich sagen wollen:

Ich habe genug Mist am Hals.

HR-genehmigte Alternative:

Ich habe gerade keine Kapazitäten.

Szenario:

Sie genießen endlich Ihren ersten Moment der Ruhe in diesem Monat – Jogginghose an, Frühstücksburrito in der Hand, mitten in der Netflix-Serie, über die alle reden. Außerdem ist es ein entspannter Sonntag.

Dann kommt das gefürchtete *PING* von Margaret aus der Personalabteilung. Ihre fröhliche Slack-Nachricht durchbricht Ihr Telefon wie ein Hupensignal:

. . .

»Hallo Team! Nur eine kurze Bitte fürs Wochenende: Könnte jeder seine beruflichen Entwicklungsziele bis heute Abend im Portal aktualisieren? Die Führungskräfte möchten sie Montag früh überprüfen! :)«

Sie verschlucken sich fast an Ihrer Guacamole. Das berufliche Entwicklungsportal? Dasselbe, das letzte Woche dreimal abgestürzt ist? Das einen 12-Schritte-Login-Prozess erfordert, den niemand erklären kann – nicht einmal die IT? Und Margaret hat die Frechheit, das von ihrer Poolnudel aus zu schicken (man kann den Pooljungen in ihrem Slack-Profilbild buchstäblich sehen).

Jede Faser Ihres Körpers möchte antworten: *Margaret, ich habe genug Mist am Hals! Meine »berufliche Entwicklung« besteht derzeit darin, mich daran zu erinnern, welcher Tag ist, ohne auf mein Handy zu schauen! Das einzige »Ziel«, an dem ich arbeite, ist, Guacamole aus meiner Jogginghose zu bekommen!*

Aber stattdessen atmen Sie tief durch – und nehmen einen noch größeren Schluck Mimosa –, bevor Sie tippen:

»Danke für die Info, Margaret! Leider habe ich gerade keine Kapazitäten. Ich werde es Montag früh priorisieren!«

. . .

Margarets unvermeidliche Antwort trifft ein, bevor Sie noch einen Bissen nehmen:

»Kein Problem! Einfach, wenn Sie können! :)«

Was Sie inzwischen übersetzen können als: *Ich werde alle 90 Minuten zunehmend passiv-aggressive Erinnerungen schicken, bis Sie nachkommen.*

Sie überlegen kurz, mit einem Foto Ihrer in Jogginghose auf dem Couchtisch ausgestreckten Beine zu antworten, entscheiden sich aber stattdessen für die nukleare Option:

- Benachrichtigungen stummschalten.

- Einen zweiten Mimosa einschenken.

- Und mental planen, dass Ihr Portalpasswort »mysteriöserweise nicht mehr funktioniert«, wenn der Montagmorgen kommt.

Die Ziele zur beruflichen Weiterentwicklung? Die können

warten, bis Margaret etwas mehr berufliche Höflichkeit entwickelt.

32. ICH SUCHE EHER NACH EINEM PARADIGMENWECHSEL

Was Sie wirklich sagen wollen:

Das war ein wirklich dummer Vorschlag.

HR-genehmigte Alternative:

Ich suche eher nach einem Paradigmenwechsel.

Szenario:

Sie sitzen im Konferenzraum mit dem Produktentwicklungsteam und Jack aus dem Vertrieb. Das Meeting sollte sich um die Erweiterung des Sortiments an Premium-Haushaltswaren drehen – denken Sie an hochwertige Staubsauger, intelligente Luftreiniger und ergonomische Möbel für den modernen Berufstätigen. Sie haben über Produktlinien, Marktexpansion und Benutzererfahrung diskutiert.

. . .

Was ich bei der Arbeit denke — und was ich wirklich sage 111

Jack scheint jedoch den Faden verloren zu haben.

Er war den größten Teil des Meetings still, aber jetzt richtet er sich auf seinem Stuhl auf und blättert aufgeregt durch einen Stapel Papiere. Sie machen sich bereit, denn Sie wissen, dass Jack einer dieser Typen ist, die immer »die nächste große Idee« haben, und die ist meistens ein bisschen... abgedreht.

Er steht auf und klatscht in die Hände, grinst, als hätte er gerade den Da-Vinci-Code geknackt. »Okay, Leute, hört mir zu: Möbel. Aber macht sie *intelligent*. Nicht nur vernetzt – *emotional*. Ich rede von Stimmungs-tracking-Sofas. Sie synchronisieren sich mit biometrischen Daten. Wenn die Kunden gestresst sind, werden die Kissen weicher. Wenn sie glücklich sind, leuchtet die LED-Basis im Partymodus. Wir nennen es... *Feeliture*.«

Sie blinzeln. Langsam. Zweimal.

Ihr Gehirn beginnt sich zu fragen, ob Sie zu viel Kaffee getrunken haben und deshalb das hier hören. Im Raum sehen alle anderen genauso verdutzt aus und Sie bemerken, wie jemand ungläubig »Feeliture?« murmelt. Hat Jack gerade wirklich von der Schaffung von empfindungsfähigen Sofas gesprochen?

. . .

»Was?«, fragen Sie schließlich, weil irgendjemand es tun muss.

Jack nickt begeistert. »Ja! Denkt mal drüber nach! Halsbänder mit Stil. Ein Statussymbol für Ihr Haustier. Vergesst den billigen Kram – diese Halsbänder sind ein Statement.«

Der Raum wird totenstill.

Sie haben das Gefühl, gleich zu implodieren. Das Meeting sollte sich um die Erweiterung des Sortiments an Premium-Haushaltswaren drehen, nicht um Luxus-Haustierzubehör. Ehrlich gesagt möchten Sie sagen:

»Jack, das war ein wirklich dummer Vorschlag. Was kommt als Nächstes? Ein Liebesbett, das weint, wenn man sich darauf trennt? Ein Sessel, der den Therapeuten benachrichtigt? Haben Sie zu viel *Black Mirror* geschaut?«

Aber was Sie tatsächlich sagen, während Sie ein gequältes Lächeln aufsetzen, das sich anfühlt, als könnte es Ihren Kiefer brechen, ist:

»Interessantes Konzept, Jack. Ich suche allerdings eher nach einem Paradigmenwechsel – etwas, das den Markt auf eine Weise aufmischt, wie wir es noch nicht gesehen haben.«

. . .

Was Sie wirklich meinen, ist: *Ich würde lieber goldbeschichtete Pümpel verkaufen, als einen emotionalen Liebesstuhl zu vermarkten. Aber klar, Jack. Lassen Sie uns so tun, als ob.*

Jack, völlig ahnungslos über Ihren Unglauben, kritzelt Notizen, als würde er gleich die Möbelindustrie revolutionieren. »Ja, ja, wir werden die Details klären. Das wird ein Riesenerfolg, vertrauen Sie mir.«

Sie nicken und fragen sich insgeheim, ob Sie versehentlich in ein Paralleluniversum geraten sind.

Während Jack weiterhin begeistert seine Vision erklärt, fragen Sie sich, ob Sie es schaffen werden, dieses Meeting zu überstehen, ohne zu lachen, zu weinen oder beides gleichzeitig zu tun.

33. MÖCHTEN SIE SICH EINBRINGEN?

Was Sie wirklich sagen wollen:

Hör auf, verdammt noch mal zu kritzeln

HR-genehmigte Alternative:

Möchten Sie sich einbringen?

Szenario:

Es ist wieder einmal ein Team-Brainstorming.

Das Ziel? Ein produktives Meeting über den bevorstehenden Produktlaunch.

Die Realität? Es entwickelt sich entweder zu einem Desaster

Was ich bei der Arbeit denke — und was ich wirklich sage

oder zu Ihrer persönlichen Bösewicht-Entstehungsgeschichte.

Sie blicken durch den Raum. Über Kennzahlen und Marktstrategien wird diskutiert – aber nicht von Anna aus der Finanzabteilung. Sie wissen, dass sie normalerweise scharfsinnig ist, aber im Moment starrt sie nur leer auf die Projektionswand.

Tatsächlich gibt sie nicht einmal vor, der Diskussion zu folgen. Nein, Anna ist tief in dem, was man nur als Kritzeltrance beschreiben kann.

Ihr Stift wirbelt über ihr Notizbuch mit einer Intensität, die darauf hindeutet, dass sie den Sinn des Lebens skizziert. Ist es eine Blume? Eine Katze? Ein abstrakter Hilferuf?

Was auch immer es ist, es wird alarmierend detailliert, während der Rest des Teams sich durch Verkaufsprognosen quält.

Sie haben genug. Annas Picasso-Moment fühlt sich wie ein subtiler Protest an – oder ein Zeichen dafür, dass sie kurz davor ist, in diesem Unternehmenszirkus die Nerven zu verlieren.

Sie überlegen kurz, zu sagen:

. . .

»Anna, hör auf, verdammt noch mal zu kritzeln und konzentrier dich! Du bereitest dich nicht auf eine Kunstausstellung vor, und das Einzige, was du zeichnest, ist deine Karriere-Ausstiegsstrategie.«

Aber Sie wollen nicht unhöflich sein, also entscheiden Sie sich einfach dafür, zu sagen:

»Anna, möchten Sie sich einbringen? Sie waren da sehr... inspiriert.«

Sie hoffen, dass sie versteht, dass Sie meinen:

»Okay, Anna. Leg den Stift weg, bevor ich den letzten Rest meiner Vernunft verliere. Vielleicht könntest du dich lieber einbringen, anstatt den nächsten frustrierten-Mitarbeiter-Kunsttrend zu entwerfen.«

Anna blickt auf und blinzelt, als hätte sie gerade erst realisiert, dass es noch andere Menschen gibt.

Ihr Gesicht erhellt sich, als stünde sie kurz davor, eine lebensverändernde Erkenntnis preiszugeben.

. . .

Stattdessen sagt sie:

»*Oh! Entschuldigung, ich war nur-ähm, na ja, ich denke, ich kann das später erklären. Aber das könnte total das nächste Firmenlogo werden. So... schriller, verstehen Sie?*«

Sie atmen tief durch und unterdrücken den Drang, die Fernbedienung des Projektors in die Umlaufbahn zu schießen. »Ich werde es im Hinterkopf behalten, Anna. Vielleicht besprechen wir das... beim nächsten Finanzmeeting.«

Sie nickt, völlig unbeeindruckt, und macht sich wieder an ihre Kritzeleien.

Während das Meeting sich mühsam dahinschleppt, werfen Sie einen Blick auf Annas wachsendes Meisterwerk und fragen sich, ob es eine Metapher für Ihr Leben ist: umgeben von Chaos, kaum in der Lage, alles zusammenzuhalten, während jemand anderes sein Notizbuch in eine stressbedingte Kunstgalerie verwandelt.

34. LASSEN WIR DAS MAL AUF SICH BERUHEN

Was Sie wirklich sagen wollen:
Ich habe keine Lust auf diesen Mist.

HR-genehmigte Alternative:

Lassen wir das mal auf sich beruhen.

Szenario:

Sie sind auf der Zielgeraden. Das Wochenende ist so nah, dass Sie den Pinot Grigio im Kühlschrank schon fast schmecken können. Nur noch fünf Minuten dieses Meetings, das zwischen Ihnen und der ersehnten Freiheit steht. Da räuspert sich Steve, der IT-Technikschamane, mit der Ernsthaftigkeit von jemandem, der gleich den Sinn des Lebens enthüllen wird.

. . .

Was ich bei der Arbeit denke — und was ich wirklich s... 119

»Ich habe Diagnosen zu unseren Bandbreitenproblemen durchgeführt«, beginnt er mit funkelnden Augen. »Was, wenn wir... auf eine Mesh-Netzwerktopologie umsteigen?«

Sie kennen dieses Lied:

- **Strophe 1:** Steves »revolutionäre Idee« (a.k.a. der gleiche Vorschlag wie letzten Monat).
- **Refrain:** Vage Versprechen von »nahtloser Konnektivität«.
- **Bridge:** Alle tun so, als ob sie interessiert wären.
- **Outro:** Es ändert sich tatsächlich nichts.

Sie stehen da, nicken höflich und bemühen sich, nicht die Augen zu verdrehen, weil Sie sich überhaupt nicht für das interessieren, was er sagt. Es ist Ihnen egal. Sie haben seit Monaten Steves endlose technische Abschweifungen ertragen und jetzt reicht es Ihnen einfach.

Sie sind einen Moment davon entfernt zu sagen:

»Steve, ich habe keine Lust auf diesen Mist. Deine letzte »narrensichere Lösung« hat den Drucker jedes Mal wie eine Banshee schreien lassen, wenn jemand ein PDF geschickt hat.«

Aber was Sie tatsächlich sagen, während Sie alle Emotionen aus Ihrer Stimme verbannen, ist:

»Faszinierend! Lassen wir das mal auf sich beruhen und kommen darauf zurück, wenn wir alle... *frischer* sind.«

Sie hoffen, dass er die Ironie bemerkt. Allerdings bemerkt er Ihren inneren Kampf nicht. Tatsächlich kritzelt er bereits weitere Notizen, um nach dem Meeting allen die Details seiner »unglaublichen Idee« zu mailen.

Als das Meeting endlich zu Ende ist, sprinten Sie in Rekordzeit zum Aufzug, nur um Steve hinter sich rufen zu hören:

»Warten Sie! Habe ich schon die Möglichkeit der Blockchain-Integration erwähnt?!«

Sie drücken den »Tür schließen«-Knopf mit religiösem Eifer. Irgendwo knallt ein Weinflaschenkorken in Solidarität.

35. BITTE ÜBERNEHMEN SIE DIE FÜHRUNG BEI DIESEM PROJEKT

Was Sie wirklich sagen wollen:

Raff dich einfach verdammt noch mal.

HR-genehmigte Alternative:

Bitte übernehmen Sie die Führung bei diesem Projekt.

Szenario:

Es ist Donnerstagnachmittag und das Büro ist voller Betrieb, während alle versuchen, ihre Projekte vor dem Wochenende abzuschließen. Sie sind am Telefon mit Tom, einem Junior-Teammitglied, der es einfach nicht begreift. Tom liebt den Klang seiner eigenen Stimme – und scheinbar hasst er Google, denn jede Frage, die er stellt, könnte in 0,3 Sekunden mit einer Suchleiste gelöst werden.

. . .

Die heutige Krise? Schritt vier einer Aufgabe, die Sie ihm bereits dreimal erklärt haben. Sie haben ihm Schritt-für-Schritt-Anweisungen geschickt. Sie haben ihm sogar eine Anleitung erstellt, die eines Museums würdig wäre. Und jetzt, 30 Minuten nach Beginn des Telefonats, ist Tom immer noch verwirrt.

Ihre Geduld ist am Ende. Ihr Koffeinspiegel auch. Und Toms endlose Verwirrung ist das Sahnehäubchen auf einem ohnehin frustrierenden Tag.

Sie möchten ihm am liebsten an den Kopf werfen:

»Tom, raff dich einfach verdammt noch mal. Ich habe das 50 Mal erklärt. Benutz dein Gehirn, hör auf, mich anzurufen, und kümmer dich darum – das ist doch keine Raketenwissenschaft!«

Aber Sie erinnern sich daran, dass er noch ein Junior ist, also schaffen Sie es, Ihren Ton ruhig zu halten und sagen:

»Tom, ich brauche Sie, um die Führung bei diesem Projekt zu übernehmen. Ich bin zuversichtlich, dass Sie die Zügel in die Hand nehmen und es zum Abschluss bringen können.«

Hoffentlich versteht er, dass Sie meinen: »*Tom, bitte, um Himmels willen, übernehmen Sie Verantwortung. Ich bin nicht*

Ihr Babysitter. Ich bin zwei Sekunden davon entfernt, Sie dauerhaft mit dem Sortieren von Büroklammern zu beauftragen.«

Während Sie sich wieder an die Arbeit machen, fragen Sie sich, wie lange es wohl dauern wird, bis Tom versehentlich wieder die ganze Firma anschreibt und fragt, wie man eine Datei anhängt.

36. WERFEN WIR EINEN BLICK AUF DIE DOKUMENTE

Was Sie wirklich sagen wollen:

Ja, ich lese das alles nicht.

HR-genehmigte Alternative:

Werfen wir einen Blick auf die Dokumente.

Szenario:

Sie sind gerade von einer herrlichen Woche Urlaub zurückgekehrt – sieben glückliche Tage, in denen Sie Serien gebinged, E-Mails ignoriert und so getan haben, als gäbe es die Arbeit nicht. Aber jetzt sind Sie zurück. An Ihrem Schreibtisch. Starren auf einen Berg von E-Mails, jede noch absurder als die letzte.

. . .

Sie öffnen die erste von Sarah aus der Rechtsabteilung. Sarahs E-Mails sind nicht einfach nur E-Mails; sie sind *Romane*. Jedes Detail, jede Klausel und jedes Komma ist akribisch dokumentiert. Es gibt einen Grund, warum sie die längsten E-Mails im Unternehmen schreibt: Sie behandelt jede Nachricht, als wäre sie ein potenzieller Vertragsstreit.

Diese hier? 10 Anhänge. Jeder ist länger als der vorherige. Die E-Mail selbst ist ein dreiseitiges Prolog zu einem neuen Vertrag. Beim zweiten Absatz stellen Sie bereits Ihre Lebensentscheidungen in Frage. Beim dritten Absatz haben Sie beschlossen, dass Sie das heute auf keinen Fall durchlesen werden.

Was Sie wirklich schreiben wollen:

»Sarah, ich lese das alles nicht. Ich werde mich jetzt nicht in diesen juristischen Roman stürzen. Kannst du es zusammenfassen – oder noch besser, schreibst du mir einfach, wenn der interessante Teil beginnt? Mein Gehirn funktioniert kaum und ich bin noch bei meinem ersten Kaffee.«

Nun, das könnten Sie sagen, aber Sie müssen diplomatischer sein. Sie müssen das Spiel mitspielen. Sie sind jetzt wieder im Büro und es ist an der Zeit, Ihren Frust zu »professionalisieren«.

Mit diesem Gedanken antworten Sie einfach:

. . .

»Danke, dass Sie das geschickt haben, Sarah. Werfen wir zunächst einen Blick auf die Dokumente und gehen dann in die Details, sobald ich die Hauptpunkte besser verstanden habe.«

Übersetzung? *Sarah, ich respektiere deinen Enthusiasmus, aber ich werde diese 87 Seiten heute nicht lesen. Mein Gehirn ist noch am Pool und ich würde lieber die Büromikrowelle putzen, als mich jetzt durch das hier zu kämpfen. Gib mir einfach die Kurzfassung, bitte.*

Sarah, immer effizient, antwortet innerhalb weniger Minuten:

»Klar, kein Problem! Ich fasse die wichtigsten Punkte für Sie zusammen.«

Erleichterung überkommt Sie. Bis Sie begreifen, dass Sarahs Vorstellung einer »Zusammenfassung« wahrscheinlich eine E-Mail mit zehn Absätzen ist, die jeden Punkt detailliert darlegt. Aber hey, sie wird trotzdem kürzer sein als das Originaldokument.

Kleine Erfolge.

. . .

Sie werfen erneut einen Blick in Ihren Posteingang, und gerade als Sie darüber nachdenken, Ihre Urlaubstage für das nächste Jahr zu nutzen, wird Ihnen klar – dies ist erst die *erste* E-Mail. Da liegt noch ein ganzer Berg davon vor Ihnen, den Sie bewältigen müssen. Vielleicht ist die »High-Level-Strategie« die einzige, die Sie bei Verstand bleiben lässt. Oder zumindest dazu beiträgt, dass Sie den Montag ohne Nervenzusammenbruch überstehen.

37. WIR ALLE MÜSSEN UNS ENGAGIEREN

Was Sie wirklich sagen wollen:

Hör auf, so zu tun, als würdest du arbeiten, und mach endlich was.

HR-genehmigte Alternative:

Wir alle müssen uns engagieren.

Szenario:

Es ist Donnerstagnachmittag und Sie waren den ganzen Tag in Meetings. Die Kampagne, die morgen startet, hat jede Ihrer Energiereserven aufgebraucht. Sie jonglieren mit brennenden Schwertern, während Sie auf einem Seil balancieren, und versuchen verzweifelt, alles am Laufen zu halten.

. . .

Gerade als Sie kurz durchatmen wollen, kommt Janine aus der Abteilung Operations herein.

Janine, die in ihrer eigenen Welt lebt, scrollt lässig mit einer Hand auf ihrem Handy, während sie mit der anderen Kombucha trinkt. Sie schwebt an Ihrem Schreibtisch vorbei wie eine lebendige Instagram-Werbung, völlig unbeeindruckt von der nahenden Deadline und der kollektiven Panik in der Luft.

Sie sind kurz davor, sie höflich daran zu erinnern, dass wir alle auf dasselbe Ziel hinarbeiten, als Sie sie am Telefon belauschen:

»Ja, ich denke, wir brauchen mehr Zeit dafür. Vielleicht eine Woche? Ich weiß nicht; lass uns später darüber reden.«

Später?! Die Deadline ist *morgen*. Es gibt kein »später«. Janine hingegen führt eine philosophische Debatte über Zeitmanagement, während sie fermentierten Tee trinkt.

Sie atmen tief durch, zaubern ein höfliches Lächeln auf und gehen auf sie zu.

Intern möchten Sie fragen: »*Janine, lebst du in einer stressfreien Fantasiewelt? Kannst du aufhören, so zu tun, als würdest du arbeiten, und endlich was machen? Vielleicht mal den Deadline-Kalender checken statt Instagram!«*

In Wirklichkeit und mit mönchischer Geduld sagen Sie: »Janine, wir alle müssen uns hier engagieren. Die Kampagne startet morgen und wir müssen zu 100 % dabei sein. Können Sie sich darauf konzentrieren? Das »Gespräch«, von dem Sie reden? Lass uns das erst nach dem Start der Kampagne besprechen, okay?«

Janine, mitten im Kombucha-Schluck, nickt Ihnen verträumt zu. »Oh ja, klar, kein Problem. Ich beende nur noch das Telefonat und steige dann ein.«

Sie spüren, wie Ihr Auge zuckt, aber Sie nicken trotzdem und widerstehen dem Drang, Ihren Kopf auf den Schreibtisch zu schlagen.

Während Janine davon schwebt, um ihre Deadline-Verleugnungstour fortzusetzen, fragen Sie sich, wie sie immer noch ihr Gehalt bekommt. Vielleicht, nur vielleicht, wird sie nach der Kampagne verstehen, dass es kein »später« gibt, wenn der nächste Tag eine feste Deadline hat!

38. SIE SOLLTEN SICH AN JOHN WENDEN

Was Sie wirklich sagen wollen:

Das war echt ein Reinfall. Sie werden um Gnade betteln müssen.

HR-genehmigte Alternative:

Sie sollten sich an John wenden.

Szenario:

Sie betreten eine Szene, die man nur als unternehmerische Katastrophe beschreiben kann. Raul aus dem Vertrieb steht wie angewurzelt vor dem Projektor, seine PowerPoint-Präsentation strahlt immer noch stolz auf der Leinwand:

Unternehmensvertriebsstrategie (Gefolgt von einem versehentlichen Screenshot seiner Tinder-Nachrichten)

. . .

Der Kunde – ein Großkunde, der für 45 % des Umsatzes verantwortlich ist – sitzt da, mit weit aufgerissenen Augen und dem Gesichtsausdruck von jemandem, der gerade einen Autounfall in Zeitlupe miterlebt hat. Die letzte sichtbare Nachricht auf dem Bildschirm lautet: »Bist du wach? (mit einem Pfirsich- und einem Wasser-Spritzer-Emoji).«

Was Sie wissen, ist:

- Raul hat »nur schnell sein Handy gecheckt«, bevor das Meeting begann.

- Er hat es irgendwie geschafft, seinen gesamten Bildschirm zu teilen, statt seiner sorgfältig vorbereiteten Präsentation.

Der Finanzvorstand des Kunden massiert leise seine Schläfen, als wolle er die letzten Minuten aus seinem Gedächtnis löschen.

Sie möchten den Kopf schütteln und sagen:

. . .

»Raul, das war echt ein Reinfall. Sie werden um Gnade betteln müssen. Fangen Sie an, Ihr Testament zu schreiben. Ich habe gehört, HR sucht Freiwillige für die nächste Marsmission – vielleicht können Sie mitfliegen.«

Aber das können Sie nicht sagen. Also schließen Sie den Laptop und sagen:

»Raul, Sie sollten sich an John wenden. Sofort.«

Sie hoffen, dass Ihr Tonfall und Ihr Blick vermitteln: *John in der Rechtsabteilung ist der Einzige, der dieses Chaos noch bereinigen kann. Und selbst dann ist es ein verzweifelter Versuch. Zeit zu beten, Kumpel.*

Raul, der aussieht, als hätte er einen Geist gesehen, murmelt:

»John... in der Rechtsabteilung?«

Sie nicken, Ihr ist Gesicht todernst, als würden Sie ihm den letzten Rat geben, den er jemals brauchen wird.

Der Finanzvorstand des Kunden steht auf, starrt ein letztes Mal auf den Bildschirm und spricht die fünf seelenzerstörendsten Worte der Unternehmensgeschichte aus:

. . .

»Wir melden uns. Vielleicht.«

Als sich die Tür hinter ihnen schließt, taut Raul endlich auf, sein Gesicht ist blass und zittert.

»So... schlecht?«

Sie reichen ihm schweigend John's Visitenkarte, als wäre es seine letzte Hoffnung.

»Sagen Sie ihm, dass Sie bereit sind, umzuziehen. Überallhin. Am besten außerhalb des Planeten.«

39. ICH MÖCHTE NUR AN DAS ANKNÜPFEN, WAS SIE GESAGT HABEN

Was Sie wirklich sagen wollen:

Warum bin ich überhaupt in diesem Meeting?

HR-genehmigte Alternative:

Ich möchte nur an das anknüpfen, was Sie gesagt haben.

Szenario:

Sie sitzen im wöchentlichen Strategiemeeting und seit 40 Minuten ist es nichts als ein Wirrwarr aus Buzzwords, schlecht umgesetzten PowerPoint-Folien und vagen Aussagen, die nicht einmal Sinn ergeben. Das Team ist tief in eine Diskussion über »Synergien«, »Pivotieren« und »die Vertikalen nutzen« verstrickt – Wörter, die so klingen, als hätten sie eine Bedeutung, aber die emotionale Wirkung eines nassen Schwamms haben.

. . .

Und dann ist da Daryl aus der Finanzabteilung. Daryl, der seit 10 Minuten über ein neues »Budgetoptimierungsframework« redet, ein Begriff, von dem Sie zu 99 % sicher sind, dass er ihn gerade erfunden hat. Er malt Kreise auf das Whiteboard, redet über »Wachstumsvektoren« und »nachhaltige Cashflow-Optimierung«, als hätte er das Geheimnis des Universums in der Hand.

Währenddessen sind Sie zu 30 % abgelenkt und zu 70 % fragen Sie sich, warum Sie überhaupt hier sind. Sie sind nicht in der Finanzabteilung. Sie sind nicht in der Strategieabteilung. Der einzige Grund, warum Sie in diesem Meeting sind, ist, dass jemand versehentlich die Einladung für alle Mitarbeiter in den Kalender gesetzt hat, und Sie den Anfängerfehler gemacht haben, sie anzunehmen.

Während Daryl weiterredet, werfen Sie einen Blick auf Ihr Handy und hoffen, dass es mit einer Notfallnachricht vibriert. Kein Glück. Die Uhr tickt und es sind noch 45 Minuten übrig, bis Sie entkommen dürfen. Sie sind überzeugt, dass das Einzige, was schmerzhafter ist als dieses Meeting, das Ansehen einer zweistündigen Infomercial-Sendung über Staubsauger wäre.

Sie überlegen ernsthaft, welche Konsequenzen es hätte, einfach herauszuposaunen:

»Warum zum Teufel bin ich überhaupt in diesem Meeting? Ich könnte die Zutaten auf der Rückseite einer Cornflakes-

Packung lesen, und das wäre eine produktivere Nutzung meiner Zeit.«

Aber Sie kommen zu dem Schluss, dass Ihnen die Konsequenzen dieser Aussage nicht gefallen würden. Also nicken Sie langsam, als wären Sie wirklich engagiert (obwohl Sie innerlich schreien), und sagen:

»Ich möchte nur an das anknüpfen, was Sie gesagt haben. Wir müssen uns darauf konzentrieren, die Vertikalen zu nutzen und die Synergien zu maximieren...«

Sie lassen den Satz ausklingen und merken, dass Sie dieselben Buzzwords wie er verwendet haben, aber mit noch weniger Überzeugung. Sie denken an die zwei Stunden Ihres Lebens, die Sie nie zurückbekommen werden, und fragen sich, ob Sie sich heute einfach hätten krankmelden sollen.

Irgendwie geht das Meeting weiter, aber Sie planen bereits mental Ihre Flucht – direkt zum nächsten Ausgang und zu einer Tasse Kaffee, die stark genug ist, um die letzten 40 Minuten aus Ihrem Gehirn zu löschen.

40. LASSEN WIR DAS ERSTMAL LIEGEN UND KOMMEN SPÄTER DARAUF ZURÜCK

Was du wirklich sagen willst:

Verpiss dich einfach.

HR-genehmigte Alternative:

Lassen wir das erstmal liegen und kommen später darauf zurück.

Szenario:

Es ist Donnerstagnachmittag und Ihr Team hat endlich seinen Rhythmus gefunden, um sich auf die große Kundenpräsentation morgen vorzubereiten. Nach Wochen des Hin und Her, letzten Änderungen und einer kleinen Krise, bei der eine Präsentation versehentlich gelöscht wurde, sind Sie *so* kurz davor, fertig zu sein.

. . .

Alle sind im Flow. Das Designteam poliert die letzten Entwürfe. Sie überprüfen die Folien. Es herrscht eine heilige, unausgesprochene Energie von »Verschlimmer es jetzt nicht.«

Dann kommt Lori, die Königin der ungebetenen Vorschläge und chaotischen Umwege.

Lori arbeitet in einer anderen Abteilung und war überhaupt nicht in das Projekt involviert, aber irgendwie steht sie plötzlich in der Tür des Konferenzraums mit einer »frischen Idee«.

»Ich habe mir gerade gedacht«, beginnt sie ungefragt, »was, wenn ihr das gesamte Folienformat über den Haufen werft und stattdessen ein Live-Interaktions-Skript daraus macht? Ihr wisst schon, etwas wirklich anderes und disruptives!«

Sie erstarren.

Ein Skript?

Sie schauen sich um. Niemand rührt sich. Nicht einmal der Praktikant wagt es zu atmen. Denn jeder erinnert sich an das letzte Mal, als Lori so eine Idee vorgeschlagen hat – es ging um Sockenpuppen, interpretativen Tanz und ein sehr langes HR-Gespräch.

Lori fährt fort, ahnungslos über die kollektive Anspannung, die sie erzeugt hat:

»Wir könnten uns als verschiedene Stakeholder verkleiden und die User Story nachspielen! Ich habe sogar noch Requisiten von der Junggesellinnenabschiedsparty meiner Cousine übrig!«

Was Sie sagen wollen, ist:

»Lori. Verpiss dich einfach. Das ist eine Unternehmenspräsentation, keine Amateurstunde im Improvisationstheater. Nimm deine Hochzeitsrequisiten und verschwinde.«

Aber stattdessen, weil Sie Ihren Job mögen und lieber nicht in einem obligatorischen HR-Schulungsvideo auftauchen möchten, setzen Sie Ihr bestes »Lächeln-trotz-Panik«-Gesicht auf und sagen:

»Das ist eine... kreative Idee. Lassen wir das erstmal liegen und kommen nach der morgigen Präsentation darauf zurück. Im Moment müssen wir wirklich beim aktuellen Plan bleiben.«

Lori strahlt Sie an, ihre Begeisterung ist auf dem Höhepunkt. »Absolut! Ich blocke nächste Woche Zeit für ein Brainstorming!«

Sie schlendert davon, wahrscheinlich, um die Sockenpuppen auszugraben.

Sie wenden sich wieder Ihrem Team zu und flüstern:

»Wenn sie Requisiten mitbringt, zünde ich den Projektor an.«

41. ES IST ZEIT, VOLL DURCHZUSTARTEN

Was Sie wirklich sagen wollen:

Hör auf, rumzualbern.

HR-genehmigte Alternative:

Es ist Zeit, voll durchzustarten.

Szenario:

Es ist Montagmorgen. Sie sind gerade von einem langen Wochenende zurückgekehrt – drei glorreiche Tage ohne E-Mails, Slack-Benachrichtigungen und das seelenraubende Geräusch des Bluetooth-Headsets Ihrer Kollegin, das jedes Mal piept, wenn sie stummgeschaltet hat.

Sie sind noch leicht sonnenverbrannt, emotional an Ihrer

Abwesenheitsnotiz hängend und spirituell unvorbereitet auf das, was vor Ihnen liegt.

Aber die Realität schlägt hart zu. Ihr Kalender? Dreifach belegt. Ihre To-do-Liste? Ein Roman. Und Ihr Team? Steht herum wie NPCs, die auf einen Auftrag warten.

Dann kommt Cody, die menschliche Verkörperung von »Verzögerung«.

Cody soll diese Woche den neuen Produktlaunch leiten – Sie wissen schon, den, der bereits zweimal verschoben wurde, weil jemand »versehentlich den Asset-Ordner gelöscht hat« (Spoiler-Alarm: Es war Cody).

Er schlendert 20 Minuten zu spät herein, einen Eiskaffee in der einen und einen halb gegessenen Croissant in der anderen Hand. Er trägt drinnen eine Sonnenbrille, weil Cody anscheinend gerade von der Coachella-Bühne kommt.

Sie versuchen, professionell zu bleiben: »Guten Morgen, alle zusammen. Wir haben heute viel zu erledigen–«

Cody unterbricht Sie, als wäre es seine Show. »Ja, ja, aber zuerst – was, wenn wir das Ganze mit einem kleinen Spiel starten? Etwas Leichtes. Ich habe auf TikTok gesehen, wie Teams ihre Aura mit Buntstiften malen!«

Sie blinzeln. Langsam. Zweimal. Denn das muss doch ein Witz sein. *Buntstifte? Auren? In der Launch-Woche?*

Der Rest des Teams kichert nervös, als wüssten sie nicht, ob sie lachen oder weinen sollen. Sie? Sie umklammern Ihren wiederverwendbaren Kaffeebecher, als wäre er ein Stressball.

Ein Blick auf die überquellende Aufgabenliste, die nahende Deadline und das Dokument mit dem Titel:

URGENT_FINAL_FINAL_LAUNCH_NOW_REALLYTHISONE

...und man kann mit Sicherheit sagen, dass Sie an Ihrer Grenze angelangt sind.

Sie sind fünf Sekunden davon entfernt, zu schreien:

»Cody, hör auf mit dem Scheiß! Das hier ist kein Kunstunterricht. Es gibt keine Aura. Es gibt nur Deadlines. Konzentrier dich, bevor ich dir deine Kaffeeprivilegien entziehe.«

. . .

Aber im letzten Moment erinnern Sie sich an die HR-Richtlinie gegen Schimpfwörter am Arbeitsplatz, also räuspern Sie sich und sagen:

»Okay, Team, es ist Zeit, voll durchzustarten. Als Erstes...«

Sie sagen das mit einem Lächeln, aber Ihre Augen verrichten die meiste Arbeit.

Cody zuckt mit den Schultern, offensichtlich die Stimmung nicht erkennend, und sagt: »Klar. Lasst uns schnell loslegen und später unsere Energie-Farben zeichnen, ja?«

Sie antworten nicht. Sie öffnen einfach das Projektboard, ziehen die Deadline um zwei Tage vor und beten still zu den Göttern der Produktivität, einzugreifen.

Als das Meeting beginnt und Cody endlich seinen Laptop öffnet – wahrscheinlich, um weitere TikToks anzusehen – lehnen Sie sich in Ihrem Stuhl zurück und denken:

Ich hätte meinen Urlaub verlängern sollen. Dauerhaft.

42. ICH WÜRDE GERNE ÜBER DIE SCHAFFUNG EINER WORK-LIFE-BALANCE SPRECHEN

as Sie wirklich sagen wollen:

Ich habe es satt, unbezahlte Überstunden zu machen.

HR-genehmigte Alternative:

Ich würde gerne über die Schaffung einer Work-Life-Balance sprechen.

Szenario:

Es ist 6:45 Uhr an einem Samstagmorgen.

Sie sind mitten im Nirgendwo und sitzen in einem heruntergekommenen Hotelzimmer mit abblätternder Tapete und Neonlichtern, die so summen, als würden sie aktiv versuchen, Ihre Seele zu zerstören.

· · ·

Die Klimaanlage im Zimmer ist vor drei Stunden ausgefallen und Sie sind jetzt mit Schweiß bedeckt, der nicht nur von der Hitze, sondern auch von der niederschmetternden Erkenntnis stammt, dass Sie für »Camp Synergy« hier sind – den Firmenretreat.

Genauer gesagt, Sie sind hier, weil das Überspringen des Retreats keine wirkliche Option war. Die Teilnahme wurde »dringend empfohlen«, was jeder als obligatorisch versteht, denn Himmel bewahre, dass Sie Erholung über »Team-Synergie« stellen.

Ein Rückzug wäre stillschweigend vermerkt worden (sprich: karriereschädigend), also opfern Sie jetzt Ihr Wochenende für unbezahlte Firmenbindung, die als berufliche Weiterbildung getarnt ist.

Ihre einzigen Begleiter sind ein billiges, firmenbrandetes T-Shirt und Brenda aus der Personalabteilung, die bereits fünf Sonnengrüße im Flur gemacht hat und jetzt aus einem »Rise and Grind«-Yeti-Becher nippt.

Sie hatten gehofft, ein Wochenende zu haben, an dem Sie ausschlafen können.

· · ·

Vielleicht Ihre E-Mails im »stummen Modus« zu checken, damit Ihr Chef Sie nicht wegen der Frist, die »super dringend« ist, anpingen könnte, obwohl sie seit zwei Wochen in Ihrem Kalender steht.

Aber stattdessen sind Sie hier gefangen für »Teambuilding«-Aktivitäten, bei denen Sie am liebsten eine Verletzung vortäuschen würden, nur um zu entkommen.

Brenda klatscht laut, um die Aufmerksamkeit aller zu bekommen. »Okay, Team! Bevor wir zu unserer morgendlichen Dankbarkeitswanderung aufbrechen, machen wir eine stille Journalübung über ›was Arbeit für unsere Seelen bedeutet!‹«

Sie werfen einen Blick auf die Haftnotizen vor Ihnen. Die Wörter verschwimmen, während die Hitze im Raum steigt.

Ihre Seele? Sie befindet sich irgendwo zwischen dem klebrigen Boden und dem Geruch von Mikrowellen-Frühstücksbrötchen.

Hinter Ihnen streitet Karen aus dem Vertrieb mit dem Hotelpersonal über die Kaffeemaschine, die »nicht richtig funktioniert«, obwohl es noch nicht einmal 7:00 Uhr morgens ist und man bereits das leise Geräusch eines »Teambuilding«-Eisbrechers auf dem Parkplatz hören kann.

. . .

Sie wissen, dass Sie nur zwei Möglichkeiten haben:

- Wie eine Unternehmenshexe in den Wald schreien und riskieren, wegen »übermäßigem emotionalem Ausdruck« abgemahnt zu werden,

oder

- Ihren Ärger runterschlucken und versuchen, etwas angemessen Professionelles zu sagen.

Sie können sich bereits vorstellen, wie die erste Option ablaufen wird, und sie wird beinhalten, dass Sie etwas wie folgendes schreien:

»Brenda, ich habe die Nase voll von unbezahlten Überstunden. Ich habe gestern Abend neun Stunden damit verbracht, Dons Tabellenkalkulation zu reparieren, während Sie alle bei Wein und Vertrauensübungen zusammensaßen! Jetzt ist es kaum Morgen und Sie haben mich in einem feuchten, schlecht belüfteten Hotelkonferenzraum festgenagelt, wo ich über meine Seele nachdenken soll?! Meine Seele ist müde. Meine Seele will in Ruhe gelassen werden, nicht in einem Tagebuch kritzeln wie ein unbezahlter Praktikant!«

Aber anstatt vor dem gesamten Team die Stimme zu erheben (und es für alle unangenehm zu machen), atmen Sie tief durch und sagen:

. . .

»Wissen Sie, Brenda, ich würde wirklich gerne darüber sprechen, wie wir eine bessere Work-Life-Balance erreichen können. Ich denke, das würde uns helfen, energiegeladener und produktiver zu sein.«

Es scheint jedoch, als ob die Botschaft an ihr vorbeifliegt, denn im nächsten Moment sagt sie:

»Genau! Deshalb machen wir mittags Dankbarkeits-Yoga! Nichts sagt Work-Life-Balance besser als der herabschauende Hund bei 32 Grad Hitze in Firmenkleidung!«

Sie nicken langsam, machen sich mental eine Notiz, diese gesamte Reise unter »emotionale Gefahrenzulage« abzurechnen – und endlich Ihren Lebenslauf zu aktualisieren.

43. WIR MÜSSEN EIN GEFÜHL DER DRINGLICHKEIT IN UNSERER ARBEIT ZEIGEN

Was Sie wirklich sagen wollen:

Reiß dich zusammen.

HR-genehmigte Alternative:

Wir müssen ein Gefühl der Dringlichkeit in unserer Arbeit zeigen.

Szenario:

Sie stecken mitten in einer Team-Deadline, die sich wie ein Zugunglück in Zeitlupe auf Sie zubewegt.

Der Gruppenchat ist den ganzen Tag über aktiv – Folien werden fertiggestellt, Daten werden doppelt überprüft, jeder zweifelt seine Excel-Formeln an, weil das Desaster vom letzten Quartal noch in frischer Erinnerung ist.

. . .

Alle sind gestresst. Alle sind konzentriert.

Alle, außer Craig.

Craig – Mitte 40, besitzt eine kleine Auswahl an Fleecejacken und hat es irgendwie geschafft, sich einen Ruf als »großer Denker« zu erarbeiten, während er absolut nichts tut.

Er sitzt seit drei Stunden in der Ecke des Großraumbüros, schaut sich in aller Seelenruhe LinkedIn-Tutorials in voller Lautstärke an und gibt ungefragt Ratschläge wie:

»Vielleicht sollten wir die Präsentation mit einem Zitat über Führung beginnen?« (Niemand hat danach gefragt, Craig.)

Sie haben inzwischen 90 % der Präsentation geschrieben, die Inputs des Daten-Teams koordiniert, die Folien aller bearbeitet und drei Logos manuell angepasst, weil Craig nicht herausfinden konnte, wie er verhindert, dass sie ins Nichts gestreckt werden.

Und was macht Craig jetzt?

Er isst einen Becher Joghurt. Laut. Mit seinen AirPods im

Ohr, während er einen TED-Talk über »Produktivität« schaut.

Sie wollen einfach zu ihm stürmen, ihm die AirPods aus dem Ohr ziehen und sagen:

»*Craig. Reiß dich zusammen. Wenn ich dieses Team noch einmal tragen muss, lasse ich meinen Namen auf das Firmengebäude schreiben.*«

Aber Sie tun es nicht.

Sie drehen sich auf Ihrem Stuhl herum, knacken mit den Knöcheln, schalten Ihren inneren Mittelmanager ein und sagen dann:

»Hey Craig, wir müssen jetzt wirklich ein Gefühl der Dringlichkeit in unserer Arbeit zeigen – könnten Sie bitte die Führung bei der Zusammenstellung der finalen Zusammenfassungsfolien übernehmen?«

Craig blinzelt. Langsam.

Dann nickt er, als hätten Sie ihm die Olympische Fackel überreicht.

. . .

»Ja, ja. Das kann ich übernehmen. Geben Sie mir nur ein paar Minuten, um, ähm... nochmal draufzukommen.«

Er öffnet die PowerPoint-Präsentation. Starrt sie an, als hätte er noch nie eine Folie gesehen.

Dann fragt er – natürlich: »Also... was ist denn der finale Inhalt, den wir einfügen?«

Sie starren ihn an, innerlich tot.

»Derselbe Inhalt, der seit der letzten Stunde in der Präsentation ist, Craig.«

Der Praktikant in der Ecke schreibt Ihnen leise eine Nachricht:

»Wenn er noch einmal nach dem Inhalt fragt, mache ich ein Whiteboard kaputt.«

44. KONZENTRIEREN WIR UNS AUF DIE NIEDRIG HÄNGENDEN FRÜCHTE

as Sie wirklich sagen wollen:

Es ist fast Wochenende. Zeit, es ruhig angehen zu lassen.

HR-genehmigte Alternative:

Konzentrieren wir uns auf die niedrig hängenden Früchte.

Szenario:

Die Uhr tickt gefährlich nahe an 16:00 Uhr an einem Freitag und das Wochenende ruft. Auf der anderen Seite des Raums macht Maya aus dem Projektmanagement wieder diese Sache, bei der sie plötzlich aufsteht, als würde sie gleich die Heilung für Krebs verkünden, aber es ist immer nur ein weiteres »kurzes Abstimmungsmeeting«. Diesmal schwingt sie einen Whiteboard-Marker wie einen Dirigentenstab.

. . .

»Team!«, beginnt sie. »Wir müssen diese letzten Punkte noch schnell vor Feierabend durchziehen!«

Sie werfen einen Blick auf Ihre To-Do-Liste, die derzeit wie folgt aussieht:

- So tun, als würde ich das CRM aktualisieren.
- Alte E-Mails löschen (Selbsterhaltungstrieb).
- Mein »Ich arbeite definitiv«-Gesicht üben, falls der Chef vorbeikommt.

Sie haben das Bedürfnis zu sagen:

»Maya, es ist fast Wochenende. Zeit, es ruhig angehen zu lassen – wie ein Einkaufswagen mit einem wackeligen Rad. Niemand sprintet irgendwohin – außer vielleicht zur Bar.«

Aber da das Berufsleben Sie besser darauf trainiert hat, Ihre Meinung nicht allzu offen zu äußern, nicken Sie stattdessen nachdenklich und sagen:

»Sie haben so recht, Maya. Konzentrieren wir uns zuerst auf die niedrig hängenden Früchte.«

. . .

Die eigentliche Bedeutung? Ich werde »Branchenbenchmarks recherchieren« (Katzenvideos schauen) bis 16:30 Uhr, zu welchem Zeitpunkt ich mich mit der Ausgangstür vereinen werde.

Maya, die ewige Optimistin, klatscht in die Hände.

»Guter Punkt! Packen wir die einfachen Aufgaben an!«

Sie deutet auf das Whiteboard, auf dem sie in Großbuchstaben »UNSERE PENETRATIONSSTRATEGIE« geschrieben hat, gefolgt von drei Aufzählungspunkten, die alle »SYNERGIE« in leicht unterschiedlichen Farben enthalten.

Sie lächeln, öffnen eine Tabelle mit dem Titel »DRINGENDE KENNZAHLEN« und minimieren sie sofort, um erneut auf die Uhr zu schauen. Drei Minuten näher an der Freiheit.

Maya, ahnungslos, zeichnet jetzt etwas mit viel zu vielen Pfeilen. Sie nicken mit, während Sie mental berechnen, wie viele Snacks Sie in Ihre Tasche für die Flucht packen können. Das Wochenende ist so nah, dass Sie es fast schmecken können – und im Gegensatz zu Mayas »Aktionspunkten« wird es köstlich sein.

45. ICH WÄRE WIRKLICH DANKBAR, WENN SIE MIR FÜR AUFGABEN WIE DIESE ETWAS MEHR VORLAUFZEIT GEBEN KÖNNTEN, DAMIT ICH MICH AUF QUALITATIV HOCHWERTIGE ARBEIT KONZENTRIEREN KANN

as Sie wirklich sagen wollen:

Hör auf, mir in letzter Minute den Scheiß aufzudrücken.

HR-genehmigte Alternative:

Ich wäre wirklich dankbar, wenn Sie mir für Aufgaben wie diese etwas mehr Vorlaufzeit geben könnten, damit ich mich auf qualitativ hochwertige Arbeit konzentrieren kann.

Szenario:

Sie mitten in Ihrem täglichen Ritual, »beschäftigt auszusehen, während Sie eigentlich das Abendessen planen«, als Tiffany aus der Kundenbetreuung mit dieser speziellen Art von manischer Fröhlichkeit an Ihrem Schreibtisch auftaucht, die immer Unheil ankündigt. Ihr Lächeln ist breit, ihr Energy-Drink halb leer und ihre Tragetasche trägt die Aufschrift »Ich bin nicht herrisch, ich habe nur bessere Ideen« in einer aggressiv verschnörkelten Schrift.

»Hey, Superstar!«, zwitschert sie und legt ein 47-seitiges Dokument auf Ihre Tastatur. »Das Anderson-Konto braucht vor dem heutigen Call um 15:30 Uhr noch ein kleines Update. Nur ein bisschen Korrekturlesen, ein paar Formatierungsanpassungen und vielleicht eine komplette Überarbeitung der Finanzprognosen? Du bist der Beste!«

Sie starren auf das Dokument. Das »kleine Update« beinhaltet

- die Überarbeitung von sechs Monaten Kundennotizen, die Tiffany offenbar in Hieroglyphen verfasst hat.
- den kompletten Neuaufbau eines Preismodells, weil jemand (Tiffany) die »1+1 gratis«-Formel aus ihrem Wochenend-Couponing verwendet hat.
- einen Klebezettel mit der Aufschrift »Mach es lebendig!« ohne weitere Anweisungen.

Sie überlegen zu sagen:

»Tiffany, hör auf, mir in letzter Minute den Scheiß aufzudrücken. Das ist kein »schneller Gefallen«, das ist eine Geiselnahme. Das Einzige, was hier »lebendig« wird, ist mein Verstand.«

. . .

Aber Sie tun es nicht. Stattdessen sagen Sie mit der Gelassenheit eines Yoga-Lehrers auf Xanax:

»Tiffany, ich wäre Ihnen wirklich dankbar, wenn Sie mir für Aufgaben wie diese etwas mehr Vorlaufzeit geben könnten, damit ich mich auf qualitativ hochwertige Arbeit konzentrieren kann. Anstatt... was auch immer das hier ist.«

Tiffany blinzelt, als hätten Sie sie gerade beleidigt.

»Aber es ist doch nur ein bisschen Feinschliff! Maximal 20 Minuten!« Sie sagt das mit der Zuversicht von jemandem, der noch nie eine Tabellenkalkulation geöffnet hat.

46. ES SCHEINT EIN PROBLEM MIT DEM AKTUELLEN ANSATZ ZU GEBEN

Was Sie wirklich sagen wollen:

Sie sind das verdammte Problem.

HR-genehmigte Alternative:

Es scheint ein Problem mit dem aktuellen Ansatz zu geben.

Szenario:

Es ist Dienstagmorgen. Sie sind bei Ihrem vierten Zoom-Call des Tages und es ist noch nicht einmal 11 Uhr.

Irgendwie hat Ihr Blutdruck jedoch das gleiche Niveau erreicht wie wenn Ihre Mutter sagt: »Ich habe etwas auf Facebook gesehen…«

. . .

Im Mittelpunkt des Chaos? Vanessa aus der Abteilung Operations.

Vanessa, die ausschließlich in vagen Buzzwords wie »optimieren«, »Mehrwert schaffen« und »synergetische Effizienz« spricht, ohne dabei etwas Substantielles zu sagen.

Vanessa, die einmal »versehentlich« das gemeinsame Laufwerk des Teams gelöscht hat und dann mit einem GIF eines Welpen in Sonnenbrille folgte, das mit »Bleibt PAWsome!« betitelt war.

Vanessa, die behauptet, eine »große Ganze-Denkerin« zu sein, was in Wirklichkeit bedeutet, dass sie echte Arbeit vermeidet, indem sie sie in abstrakte Poesie verwandelt.

Das heutige Meeting? Eine Nachbesprechung zu einem Kundenpitch, der so hart gescheitert ist, dass er einen Krater in den Ruf des Unternehmens gerissen hat.

Jeder weiß, warum es gescheitert ist: Vanessa.

Sie hat die Präsentation mit ihrem »visionären Pivot« übernommen, die finalen Folien erst vier Minuten vor dem Meeting verschickt – buchstäblich, während die Leute auf »Beitreten« klicken – und dann den CFO des Kunden unterbrochen, als ob sie eine Rede halten würde, die niemand angefordert hatte.

Und jetzt? Vanessa – völlig ernst – meldet sich zu Wort:

»Ich denke, wir müssen das Engagement des Teams für die Strategie überdenken. Die Umsetzung hat unsere Kernziele nicht widergespiegelt.«

Sie starren ungläubig auf Ihren Bildschirm und fragen sich, ob sich das so anfühlt, wenn man aus seinem Körper austritt oder ob Sie einfach nur halluzinieren. Vanessa schiebt ruhig die Schuld auf buchstäblich alle anderen, einschließlich des Praktikanten, der nicht einmal am Projekt beteiligt war.

Sie möchten Ihr Mikrofon wirklich entmuten und ihr Ihre Meinung mit ein paar Worten sagen:

»Vanessa. Moment mal! *Sie* sind das verdammte Problem. Dieses Projekt ist nicht wegen der »Umsetzung« gescheitert – es ist gescheitert, weil Ihre »Strategie« vollständig aus LinkedIn-Jargon und ungeprüften Wahnvorstellungen bestand.«

Aber das können Sie nicht sagen, oder? Sie würden gefeuert werden, noch bevor Sie Ihrer Tochter den Stoffhund kaufen könnten, auf den sie sich den ganzen Monat gefreut hat.

Also schalten Sie einfach Ihr Mikrofon wieder ein und sagen:

»Vanessa, es scheint ein Problem mit dem aktuellen Ansatz zu geben. Vielleicht sollten wir einige der Annahmen, die wir zu Beginn gemacht haben, noch einmal überdenken?«

Vanessa nickt nachdenklich und sagt: »Genau! Ich hatte das Gefühl, ich wäre die Einzige, die mit der Vision übereinstimmt.«

Sie schalten sich stumm, um nichts Weiteres zu sagen. Vielleicht schalten Sie sogar Ihre Kamera für ein paar Sekunden aus, um unauffällig in ein Kissen schreien zu können.

Das Meeting endet schließlich und Sie schicken sofort eine private Nachricht an Ihren Kollegen und Trinkkumpel James aus dem Marketing:

»Neues Trinkspiel: Trink einen Shot, jedes Mal, wenn Vanessa ›Übereinstimmung‹ benutzt, um sich der Verantwortung zu entziehen.«

Er antwortet mit nur einem Wort:

. . .

»Krankenhaus.«

47. ICH MAG ES, WENN DINGE AUF EINE BESTIMMTE ART ERLEDIGT WERDEN

as Sie wirklich sagen wollen:

Ich weiß, wie ich meinen verdammten Job mache.

HR-genehmigte Alternative:

Ich mag es, wenn Dinge auf eine bestimmte Art erledigt werden.

Szenario:

Sie haben gerade ein intensives, einstündiges Teammeeting über eine weitere »dringende« Kundenanfrage beendet.

Sie sind müde, aber zum ersten Mal an diesem Tag fühlt sich alles unter Kontrolle an. Aufgaben? Delegiert. Team? Abgestimmt. Posteingang? Seltsam ruhig.

. . .

Und dann kommt Gary aus der Finanzabteilung herein.

Gary, der inoffizielle Präsident von »Ungefragte Meinungen GmbH«.

Er ist der Typ, der sich zu einem Potluck anmeldet, mit einer einzigen Tüte Chips auftaucht und dann allen erklärt, wie sie ihre Aufläufe anrichten sollen.

Irgendwie hat Gary gerade genug Wissen über Ihren Job gesammelt, um sowohl gefährlich als auch ärgerlich zu sein.

Das heutige Meisterwerk?

Er steht da, die Hände in die Hüften gestemmt, mit der selbstgefälligen Zuversicht von jemandem, der noch nie in seinem Leben eine Deadline eingehalten hat.

»Hey, ich habe über das Budget für die neue Kampagne nachgedacht. Haben Sie in Betracht gezogen, den Zeitplan zu überarbeiten, um den End-of-Month-Stress zu vermeiden? Ich frage mich nur, ob Sie es aus finanzieller Sicht betrachtet haben.«

Sie spüren, wie Ihr Blutdruck in die Höhe schnellt. Gary hält einen »Vorschlag« natürlich für ein 12-Schritte-Mandat, das Tabellenkalkulationen, Pivot-Tabellen und möglicherweise einen interpretativen Tanz der Ineffizienz beinhaltet.

Sie sind versucht, zu schnappen:

»Gary. Ich weiß, wie ich meinen verdammten Job mache. Sie müssen mich nicht in meiner Rolle ›beraten‹. Sie sind nicht derjenige, der Deadlines und Budgets jongliert; das bin ich. Sie kümmern sich weiterhin um die Tabellenkalkulationen; ich habe das im Griff.«

Denn ehrlich gesagt, das haben Sie.

Sie haben das tausendmal gemacht, und wenn Sie einen Cent für jedes Mal bekommen hätten, dass Gary dachte, er könnte etwas »verbessern«, würden Sie jetzt in einem Strandhaus leben.

Aber Sie reißen sich zusammen. Nein. Sie atmen tief durch und sagen:

»Gary, ich schätze den Input. Allerdings mag ich es, wenn Dinge auf eine bestimmte Art und Weise erledigt werden, und wir haben bereits einen Plan in Gang gesetzt. Ich bin zuversichtlich, dass der Zeitplan so funktionieren wird.«

. . .

Gary, der den subtilen Hinweis offensichtlich nicht versteht, wirft Ihnen einen Blick zu, der schreit: »Ich bin schlauer als du.«

Er kritzelt etwas in sein Notizbuch und sagt: »Okay, wollte nur nachfragen! Ich behalte die Zahlen im Auge, falls Sie Unterstützung brauchen sollten.«

Unterstützung? Von Gary? Klar.

Sie nicken höflich, behalten das Lächeln auf Ihrem Gesicht, während Ihre Seele innerlich schreit.

Als Gary weggeht, versuchen Sie, den Drang zu unterdrücken, ihm eine E-Mail mit dem Betreff zu schicken: *Re: Hör auf, meine Abteilung zu micromanagen.*

Sie öffnen sofort Ihren Kalender und vereinbaren ein »Catch-up« mit Ihrem Chef. Der Meeting-Titel? *Wie man Garys Prozessverbesserungen überlebt, ohne in eine neue Karriere (oder ein neues Universum) zu wechseln.*

Denn wenn Gary weiterhin Prozesse »verbessert«, werden Sie entweder einen Therapeuten oder einen Tabellenkalkulationsexorzisten brauchen.

48. LASS UNS DAS OFFLINE BESPRECHEN

Was Sie wirklich sagen wollen:

Es ist mir wirklich egal.

HR-genehmigte Alternative:

Lass uns das offline besprechen.

Szenario:

Es ist Mittwochnachmittag. Produktivität? Nicht vorhanden. Ihr Telefon vibriert mit Kalendererinnerungen für Meetings, an die Sie sich nicht erinnern, vereinbart zu haben. Ihr Posteingang? Er piept so unerbittlich, dass es wie ein Mini-Wecker ist, der Sie daran erinnert, dass Ihre geistige Gesundheit langsam schwindet – eine »Kurze Frage«-E-Mail nach der anderen.

. . .

Sie öffnen den neuesten Übeltäter, Betreffzeile: *Kurze Frage zu den TPS-Berichten.*

Es ist von Mike aus dem Marketing. Mike, der irgendwie die Kunst des »Nachfragens« bei Dingen, die eigentlich kein Nachfragen erfordern, gemeistert hat. Mike, dessen inoffizieller Jobtitel genauso gut »Posteingang-Befüller« sein könnte.

Sie klicken auf die E-Mail. Es ist eine Einzeiler, der unter normalen Umständen ein 30-Sekunden-Gespräch gewesen wäre. Stattdessen hat Mike gleich das gesamte Team mit ins Boot geholt:

»Hey, wollte nur sichergehen: Die Schriftart für die TPS-Berichte ist Calibri, oder? Außerdem, sollten wir die Quartalsleistungszusammenfassung in Abschnitt 3 oder 4 aufnehmen?«

Sie starren auf den Bildschirm, ohne zu blinzeln, während Ihr letzter Rest Geduld seine Koffer packt und ein One-Way-Ticket in die Ferne bucht. Die schiere Bedeutungslosigkeit dieser Frage ist überwältigend. Mikes Frage könnte beantwortet werden, indem man einfach das Dokument anschaut. Doch hier ist er, der das gesamte Team in eine triviale Debatte verwickelt, die keinen zweiten Gedanken wert ist.

. . .

Ihr erster Gedanke? Zurückzuschreiben:

»Mike, mir ist diese Schriftartendebatte wirklich egal. Such eine aus, wirf eine Münze, lass deine Katze entscheiden – es ist mir wirklich egal. Hör einfach auf, die Zeit aller zu verschwenden. Und bitte entstopfe meinen Posteingang, bevor ich anfange, auf deine E-Mails mit Memes zu antworten.«

Aber das zu sagen, würde sicherlich die Schleusen für noch mehr unnötige E-Mails von Mike öffnen. Also entscheiden Sie sich für die professionelle Antwort:

»Hey Mike, lass uns das offline besprechen. Lass mich wissen, wenn du Hilfe beim Finalisieren brauchst.«

Sie klicken auf »Senden« und machen sofort mit der eigentlichen Arbeit weiter.

Das Schlimmste? Sie wissen, dass dies nicht das letzte Mal ist, dass Sie heute von Mike hören werden. Er arbeitet wahrscheinlich schon an einer E-Mail über »Synergie«, die fünf Minuten nach dieser in Ihrem Posteingang landen wird.

49. ICH SEHE HIER KEINE GUTE PASSUNG

Was Sie wirklich sagen wollen:

Ich hasse Sie.

HR-genehmigte Alternative:

Ich sehe hier keine gute Passung.

Szenario:

Es ist Donnerstagmorgen und Sie sind gerade dabei, das Projekt vorzustellen, an dem Sie in den letzten sechs Wochen still und leise gearbeitet haben. Sie haben das Framework erstellt, das Briefing geschrieben, die Zeitpläne koordiniert und sogar einen gemeinsamen Ordner mit beschrifteten Unterordnern angelegt (was im Projektmanagement praktisch eine Liebessprache ist).

. . .

Alles ist bereit.

Und dann, gerade als Sie Ihre Folien im Team-Meeting aufrufen, kommt Taylor mit einem Kaffee in der Größe eines Kleinkindes herein und sagt:

»Ach ja, das ist das Ding, bei dem ich geholfen habe, oder?«

Sie blinzeln. *Geholfen?*

Taylor hat sich nicht einmal um dieses Projekt gekümmert. Tatsächlich hat sie das letzte Mal, als sie etwas damit zu tun hatte, ein Dokument in »Final_V2_benutze_das_wirklich_-FINAL2« umbenannt und versehentlich eine wichtige Tabelle gelöscht.

Sie beißen die Zähne zusammen und machen weiter. Aber es wird noch schlimmer.

Nach der Präsentation – die tatsächlich gut ankommt, weil Sie sie absolut gerockt haben – schickt Taylor eine Follow-up-E-Mail an die Führungskräfte mit einer verdächtigen Anzahl von »wir«-Aussagen und schließt mit:

»*Ich freue mich darauf, das gemeinsam weiter voranzutreiben!*«

. . .

Sie starren ungläubig auf Ihren Bildschirm. Ihre Seele löst sich kurzzeitig von Ihrem Körper. Und gerade als Sie denken, es ist vorbei, kommt Taylor an Ihren Schreibtisch und sagt mit einem Grinsen, das eine einstweilige Verfügung verdient:

»Hey, ich habe gehört, dass es für die nächste Phase des Projekts Fördermittel gibt. Ich dachte, ich steige ein und leite es mit dir zusammen!«

Was Sie sagen wollen, ist:

»Taylor, ich hasse Sie. Sie haben nichts beigetragen, sich den Kredit geschnappt wie eine Art Unternehmensmücke, und jetzt wollen Sie dieses Projekt wie ein Showpony bis zur Leistungsprämie reiten? Auf keinen Fall.«

Aber stattdessen atmen Sie tief durch die Nase ein, wie ein Therapeut, der versucht, mitten in der Sitzung nicht zu kündigen, und sagen:

»Ich sehe hier keine gute Passung... was die Rolle betrifft. Ich denke, wir sind bereits abgedeckt, aber ich werde Sie auf jeden Fall einbinden, wenn wir zusätzliche Unterstützung brauchen.«

. . .

Taylor zuckt mit den Schultern, völlig unbeeindruckt, und sagt:

»Cool, cool. Lass es mich einfach wissen! Ich bin super darin, Dinge ins Rollen zu bringen.«

Sie nicken, zwingen sich zu einem gequälten Lächeln, während sie weggeht.

50. ICH SCHICKE DIR DIE DETAILS SPÄTER

Was Sie wirklich sagen wollen:

Verschwinde. Ich hab hier gerade meinen Moment.

HR-genehmigte Alternative:

Ich schicke dir die Details später.

Szenario:

Es ist Sonntagmorgen und Sie haben es endlich geschafft, den Arbeits-E-Mails, den Slack-Nachrichten und Dave aus dem Vertrieb, der »freundliche Erinnerungen« zu den Q3-Prognosen schickt, zu entkommen, indem Sie sich für ein Yoga-Wochenende angemeldet haben. Ihnen wurde Frieden, Selbstfürsorge und vielleicht die Gelegenheit versprochen, in einen 14-Dollar-Rote-Bete-Smoothie zu weinen, ohne verurteilt zu werden.

. . .

Sie sitzen auf einem Schaumstoff-Yoga-Block in einem eukalyptusduftenden Raum und tun so, als wäre Ihr Körper eins mit der Erde – obwohl Ihr linker Oberschenkel sich anfühlt, als würde er Rache planen. Langsam beginnen Sie, dich zu entspannen. Augen geschlossen, Atmung ruhig, Ihr Gehirn denkt zum ersten Mal seit 74 Stunden nicht an Ihren Posteingang.

Und dann platzt Lacey herein.

Lacey ist Ihre übermütige Kollegin aus dem Kundenservice, die irgendwie von diesem Retreat erfahren hat und beschlossen hat, dass es die perfekte Gelegenheit für »Teambuilding« ist. Sie hat bereits drei Handstände gemacht und krabbelt jetzt wie ein koffeinisiertes Reptil über die Yogamatten.

»OMG, hey Mädchen!!!«, flüstert sie laut und rollt sich praktisch in Ihre heilige Zen-Blase hinein. »Also, ich dachte mir – da wir beide hier sind und wir, na ja, DEN GANZEN TAG Zeit haben – wollen wir uns nachher die Pitch-Deck zusammen ansehen? Wir könnten ein paar neue Value Props brainstormen, während wir im Whirlpool detoxen!«

Sie blinzeln. Langsam. Ihr innerer Frieden verdampft wie der Dampf von überteuertem Rote-Bete-Saft. Sie sind nicht eins mit dem Universum – Sie sind eine Sekunde davon entfernt, die Meditationsgong vom Patio zu schleudern.

Lacey, die immer noch viel zu nah an Ihrem Gesicht hängt, fügt hinzu: »Oh! Und ich hatte ein paar Gedanken zu deinen Folien von letzter Woche. So kleine Änderungen. Wir könnten das echt zwischen den Yoga-Sessions durchgehen!«

Sie wollen fast sagen:

»Verschwinde, Lacey! Ich hab hier gerade meinen Moment. Ich bin gekommen, um meine Wirbelsäule auszurichten, nicht um sie mit Arbeit zu verspannen!«

Aber Sie erinnern sich daran, dass Lacey »dieses Mädchen« ist. Diejenige, die kein Problem damit hat, verbale Angriffe der HR-Abteilung zu melden, auch wenn es außerhalb des Büros war. Also atmen Sie tief ein, als würden Sie im Hier und Jetzt leben, und sagen:

»Absolut! Ich schicke dir später die Details. Lass uns einfach im Hier und Jetzt bleiben, ja?«

Ihre Antwort?

. . .

»Ja, Queen! Du hast so recht. Wir *müssen* wirklich im Hier und Jetzt bleiben! Ugh, ich bin so schlecht darin. Du bist so geerdet. Ich schreib mir schnell meine Ideen ins Handy, damit ich sie nicht vergesse.«

Sie holt ihr Handy raus und tippt wie wild mitten in der Meditation. Sie schließen wieder die Augen, nicht um achtsam zu sein, sondern um kurz darüber nachzudenken, wie es sich anfühlen würde, das Handy in den nächsten Koi-Teich zu werfen.

51. KONZENTRIEREN WIR UNS AUF PRAXISTAUGLICHE LÖSUNGEN

as Sie wirklich sagen wollen:
Wieder so eine Schnapsidee von Einstein hier.

HR-genehmigte Alternative:

Konzentrieren wir uns auf praxistaugliche Lösungen.

Szenario:

Es ist 10:04 Uhr und Sie sind vier Minuten in einem Meeting, das eigentlich nur 15 Minuten dauern sollte. Sie bereuen bereits, nicht so getan zu haben, als hätten Sie einen Zahnarzttermin.

Herein spaziert Blake aus der Produktentwicklung. Blake, der einmal versucht hat, das System für Urlaubsanträge zu »gamifizieren«, indem er es in eine Bestenliste verwandelt hat. Heute ist er mit einer neuen »brillanten« Idee zurück: eine neue Unternehmensinitiative, bei der Kunden »Rabatte verdienen«, indem sie täglich Rätsel lösen.

Blake, mit weit aufgerissenen Augen und einem halb leeren Proteinshake in der Hand, sagt: »Was, wenn wir alle unsere Onboarding-E-Mails reimen lassen? Wie eine Schatzsuche! Die Leute lieben Rätsel.«

Sie hören, wie jemand nach Luft schnappt. Es ist Marcus, der Praktikant. Wahrscheinlich hat er gerade realisiert, dass Blake tatsächlich keinen Scherz macht.

Dann wendet sich Blake dem Whiteboard zu. In einem Anfall von ungezügelter Energie beginnt er, ein Flussdiagramm zu zeichnen, das verdächtig wie eine Schatzkarte aussieht. Es hat gepunktete Linien, verschlungene Pfade und ein übergroßes »X« mit der Beschriftung »Kundenbindung«. Er erklärt, dass jedes gelöste Rätsel die Kunden einen Schritt näher an exklusive Rabatte bringt – »wie eine digitale Schatzsuche für Engagement«. Plötzlich wird Ihnen klar, dass dies nicht nur ein Vorschlag ist – es ist die nächste Folge in seinem Bestreben, das gesamte Unternehmenserlebnis zu gamifizieren.

Sie denken (und sagen es wahrscheinlich sogar innerlich): *»Oh je. Wieder so eine Schnapsidee von Einstein hier. Was kommt als Nächstes, Onboarding per Rauchzeichen?«*

. . .

Aber Nein? Sie schütteln leicht den Kopf und sagen:

»Konzentrieren wir uns auf praxistaugliche Lösungen.«

Blake nickt langsam und fügt hinzu: »Okay, aber was, wenn wir uns auf eine Limerick-Serie einigen?«

Sie trinken so aggressiv aus Ihrer Wasserflasche, dass es als Beschwerde zählen sollte.

52. ICH WERDE ES MAL AN DIE GROSSE GLOCKE HÄNGEN

Was Sie wirklich sagen wollen:

Keiner interessiert sich wirklich für dieses Projekt, aber ich werde so tun, als ob ich etwas unternehme.

HR-genehmigte Alternative:

Ich werde es mal an die große Glocke hängen.

Szenario:

Sie sind mittwochs mittendrin. Sie sitzen an Ihrem Schreibtisch, starren leer auf Ihren Bildschirm und versuchen, den Willen aufzubringen, so zu tun, als ob Sie beschäftigt wären.

Da materialisiert sich Samantha, die selbsternannte

»Innovationsschamanin«, in einer Wolke aus ätherischen Ölen und fehlplatziertem Enthusiasmus.

Sie hält einen Drei-Ring-Ordner mit der Aufschrift »Disruptive Dateitaxonomie« fest, als wäre es der verdammte Stein von Rosetta, und ihre Augen haben diesen besonderen manischen Glanz von jemandem, der gerade die Macht von Haftnotizen entdeckt hat.

»Okay, hören Sie mir zu«, sagt sie und klatscht ein laminiertes Farbrad mit dem Titel *Dateinamen-Feng-Shui* auf den Tisch. »Was, wenn wir alle unsere gemeinsamen Ordner umbenennen, um Freude zu wecken? Statt ›Jahresbudget‹ könnten wir... ›Münzkarussell‹ haben! Und ›Kundenverträge‹ wird zu ›Der Deal-Bunker‹!« Sie macht eine Pause und wartet darauf, dass Sie aus dem Staunen nicht mehr herauskommen.

Sie langweilen sich zu Tode und denken: *Samantha, niemand interessiert sich für dieses Projekt. Nicht die Praktikanten, nicht die Reinigungskräfte und nicht einmal die Bürospinne, die hinter dem Ficus in der Empfangshalle lebt. Ich würde lieber einen Druckerpatronen ablecken, als eine Sekunde damit zu verbringen, Dateipfade zu ›gamifizieren‹. Aber ich werde so tun, als ob ich etwas unternehme, damit ich in Ruhe weiter doomscrollen kann.*

Allerdings teilen Sie Ihre Gedanken nicht mit. Nein. Stattdessen nicken Sie, als ob Sie alles vollkommen verstehen würden, obwohl Ihr Gehirn gerade zur Tür hinausgegangen ist, und sagen:

»Wow, Samantha! Das ist... mutig. Ich werde es mal an die große Glocke hängen und sehen, was die Führungsebene dazu sagt!«

Samantha klatscht in die Hände und geht glücklich davon. Sie warten, bis sie außer Sichtweite ist, und schreiben dann sofort der IT auf Slack:

»Können Sie meinen Zugriff auf die gemeinsamen Laufwerke deaktivieren? Aus... Sicherheitsgründen.«

53. VERSUCHEN WIR, AUF DERSELBEN SEITE ZU SEIN

as Sie wirklich sagen wollen:

Reden wir überhaupt dieselbe verdammte Sprache?

HR-genehmigte Alternative:

Versuchen wir, auf derselben Seite zu sein.

Szenario:

Sie stecken in einem Zoom-Call fest, der irgendwie die Spannung des Zuschauens, wie Farbe trocknet, mit der intellektuellen Anregung des Lesens einer Mikrowellenanleitung kombiniert.

Auf dem Bildschirm ist Pete von »Strategic Synergy Enablement« (eine Abteilung, die definitiv nicht existieren muss) mitten in einem Flussdiagramm und verwendet Wörter, die beeindruckend klingen, aber absolut nichts bedeuten.

»Wenn wir die Synergien unseres Ideations-Ökosystems nutzen können, um die Lieferungen zu beschleunigen, werden wir in der Lage sein, vertikale Stakeholder einzubinden und wirklich visionäre Ergebnisse zu erzielen.«

Sie nicken schon so lange, dass Ihr Nacken offiziell aufgegeben hat. Ihre Kamera ist aus, Ihr Mikrofon ist stummgeschaltet und Sie recherchieren gerade, wie man einen WLAN-Ausfall vortäuscht, ohne erwischt zu werden.

Pete macht eine dramatische Pause. »Also, wenn Sie die Aktionspunkte einfach in ein proaktives Vision-Deck mit agilen Achtsamkeitsprinzipien umwandeln könnten, wäre das großartig... klingt das gut?«

Sie starren leer. *Ist das Englisch? Macht sich jemand Notizen? Ist das ein Scherz?*

Sie sind stark versucht zu sagen: *Pete, reden wir überhaupt dieselbe verdammte Sprache? Ich habe schon Glückskekse mit mehr Substanz als dieses Meeting gesehen.*

. . .

Aber was Sie tatsächlich sagen, mit der Begeisterung eines Geisels, der ein Lösegeld-Schreiben vorliest, ist:

»Moment mal, Pete. Versuchen wir, auf derselben Seite zu sein. Vielleicht können wir den Ansatz vereinfachen?«

Pete nickt und sagt:

»Perfekt! Ich werde einen Beta-Pilot-Fahrplan verbreiten und mit einem disruptiven Thought-Leadership-Framework zurückkommen!«

Als das Meeting endet, denken Sie: *Ist »Thought-Leadership-Framework« nur ein Code für »Ich habe das unter der Dusche erfunden«?*

54. KANN ICH BITTE EINE KLÄRUNG DES UMFANGS BEKOMMEN, FALLS WIR ANPASSUNGEN VORNEHMEN?

as Sie wirklich sagen wollen:

Hör auf, dich jede Minute neu zu entscheiden.

HR-genehmigte Alternative:

Kann ich bitte eine Klärung des Umfangs bekommen, falls wir Anpassungen vornehmen?

Szenario:

Es ist Montagmorgen und Sie haben die Kundendatei bereits dreimal aktualisiert, bevor Ihr Laptop überhaupt mit dem Synchronisieren fertig war. Ihnen gegenüber im Konferenzraum sitzt Eliza, die VP für »Kreative Ausrichtung«, die die Richtung dieses Projekts so oft geändert hat, dass es mittlerweile als Wetterphänomen durchgeht.

. . .

Am Freitag wollte sie es knallig und mitreißend. Bis Sonntag (ja, sie hat Ihnen an einem Sonntag eine E-Mail geschickt) ging es plötzlich um »Minimalismus und leisen Luxus«. Jetzt, in diesem 9-Uhr-Meeting, hält sie ein Moodboard mit Bildern von Wolken hoch und flüstert: »Ich spüre etwas mehr... *Elementares*. Weniger Struktur, mehr Gefühl.«

Sie haben diese Präsentation so oft überarbeitet, dass Sie langsam vergessen, worum es überhaupt gehen sollte. Und doch fährt Eliza, mit einem Smoothie in der einen Hand und grenzenloser kreativer Energie in der anderen, fort:

»Eigentlich sollten wir zur ersten Version zurückkehren... aber Teile der dritten einbauen... und vielleicht das Ganze vertikal gestalten? Und lasst uns die Farbpalette zu ›sanfter Abenddämmerung‹ verschieben – ihr wisst schon, dieses Gefühl zwischen einem leisen Seufzer und dem Moment, bevor ein Gedanke entsteht?«

Sie haben den Drang, mit dem Kopf gegen das Whiteboard zu rennen und zu sagen:

»Hör auf, dich jede Minute neu zu entscheiden. Mein Google Slides-Verlauf sieht langsam aus wie ein Tatort!«

Aber stattdessen atmen Sie tief ein, lassen den tiefsten Seufzer Ihres Lebens los und antworten:

. . .

»Kann ich bitte eine Klärung des Umfangs bekommen, falls wir Anpassungen vornehmen?«

Eliza nickt begeistert, völlig ahnungslos, dass Ihre höfliche Formulierung eigentlich nur die erwachsene Version davon ist, in ein Kissen zu schreien.

55. DAS IST KEIN SCHLECHTER ANFANG, ABER ICH DENKE, ES KÖNNTE NOCH ETWAS FEINSCHLIFF VERTRAGEN. GEHEN WIR ES GEMEINSAM DURCH

Was Sie wirklich sagen wollen:

Was zum Teufel ist das für ein Mist?

HR-genehmigte Alternative:

Das ist kein schlechter Anfang, aber ich denke, es könnte noch etwas Feinschliff vertragen. Gehen wir es gemeinsam durch.

Szenario:

Es ist 16:57 Uhr an einem Donnerstag und Sie sind drei Minuten entfernt von einem schuldfreien Scrollen durch Ferienunterkünfte.

Doch dann erhalten Sie einen Slack-Ping von Callum, dem Junior-Analysten, der einmal stolz behauptete, Excel sei »irgendwie wie Canva, oder?«

. . .

Entgegen Ihres besseren Wissens öffnen Sie die Datei, die er geschickt hat – ein Bericht, der weniger wie eine Quartalsleistungszusammenfassung und mehr wie ein Schulprojekt aussieht, das in der Nacht vor der Abgabe zusammengewürfelt wurde.

Die Balkendiagramme haben keine Beschriftungen. Das Kuchendiagramm hat irgendwie acht Teile für vier Kategorien.

Und anstelle von korrekten Zahlen hat er »viel« neben den Umsatz und »nicht so gut« unter den Ausgaben geschrieben. Neben den Q3-Prognosen ist sogar ein Raketen-Emoji.

Sie reiben sich die Schläfen und lesen die Folie mit dem Titel *Quartalserfolge* noch einmal. Es gibt keine Erfolge. Das Dokument ist ein solches Desaster, dass es mit einem leuchtend gelben Warnsymbol und einem Sireneneffekt versehen sein sollte.

Sie sind wie gelähmt – und das nicht vor Bewunderung. Ihr erster Impuls ist zu sagen:

»Was zum Teufel ist das für ein Mist?«

. . .

Aber Sie erinnern sich daran, dass Sie ein Profi sind, also sammeln Sie jeden Tropfen professioneller Geduld in Ihrer Seele und kommentieren:

»Das ist kein schlechter Anfang, aber ich denke, es könnte noch etwas Feinschliff vertragen. Gehen wir es gemeinsam durch.«

Callum, sichtlich stolz auf sein visuelles Meisterwerk, antwortet:

»Oh, super! Ich war mir nicht sicher, ob die Rakete zu viel war.«

Sie lächeln mit zusammengebissenen Zähnen und murmeln: »Oh nein, Callum. Die Rakete ist perfekt. Lass uns direkt in die Bearbeitung einsteigen.«

56. ICH HABE SCHWIERIGKEITEN, IHRE LOGIK ZU VERSTEHEN. KÖNNEN SIE DEN GEDANKENGANG DAHINTER ERKLÄREN?

as Sie wirklich sagen wollen:

Haben Sie den Verstand verloren? Das ist doch verrückt.

HR-genehmigte Alternative:

Ich habe Schwierigkeiten, Ihre Logik zu verstehen. Können Sie den Gedankengang dahinter erklären?

Szenario:

Es ist Montagmorgen und Sie versuchen noch, den Nebel des Wochenendes abzuschütteln, als Liam aus dem Marketing mit einer Energie, die nur jemand haben kann, der Chaos in kleinen Dosen konsumiert, in die Teamsitzung platzt.

. . .

Mit einem Grinsen im Gesicht klatscht er ein laminiertes Moodboard auf den Tisch, als hätte er gerade das Rad neu erfunden.

»Neue Kampagnenidee«, verkündet er stolz. »Wir rebranden unsere Finanzplanungs-App... als Lifestyle-Guru. So etwas wie emotional intelligentes Budgetieren. Wir geben der App einen Namen – Tom. Tom hilft dir, deine Finanzen zu fühlen.«

Sie blinzeln. Heftig. Sie sind sich nicht sicher, was schlimmer ist – die Idee selbst oder die Tatsache, dass die Titelfolie einen Cartoon-Charakter in einem winzigen Blazer zeigt, der einen Daumen nach oben hält.

Der Slogan? Tom (die App, wohlgemerkt) sagt: »Kauf dir diesen Latte nicht, König. Investiere in dich selbst.«

Sie unterdrücken das Lachen und den Drang zu fragen:

»Haben Sie den Verstand verloren? Das ist doch verrückt.«

Aber stattdessen sagen Sie mit der Gelassenheit von jemandem, der schon in den Schützengräben von Team-Brainstorms gekämpft hat:

. . .

»Ich habe Schwierigkeiten, Ihre Logik zu verstehen. Können Sie den Gedankengang dahinter erklären?«

Liam strahlt wie ein Weihnachtsbaum. »Absolut! Die Generation Z reagiert auf emotionale Bestätigung, richtig? Tom ist diese Bestätigung.«

Sie nicken langsam, während Sie mental Ihren Kündigungsbrief entwerfen und sich fragen, ob Tom Sie emotional durch dieses Meeting begleiten kann.

57. ICH BIN GERADE MIT MEINEN BESTEHENDEN PROJEKTEN VOLL AUSGELASTET. SOLL ICH STATTDESSEN UMPRIORISIEREN?

as Sie wirklich sagen wollen:

Ich kann diesen verdammten Scheiß nicht mehr. Ich gehe in der Arbeit unter.

HR-genehmigte Alternative:

Ich bin gerade mit meinen bestehenden Projekten voll ausgelastet. Soll ich stattdessen umpriorisieren?

Szenario:

Sie versuchen, drei Präsentationen fertigzustellen, zwei Rechnungen zu genehmigen und sich daran zu erinnern, wann Sie das letzte Mal Gemüse gegessen haben. Gerade als Sie Ihren Laptop zuklappen und in der Dusche weinen wollen, kommt Jasmine aus der Abteilung Operations mit einem Ordner in der Hand, auf dem »DRINGEND (aber irgendwie erst jetzt dringend)« steht.

. . .

»Hey! Nur ganz kurz«, zwitschert sie und reicht Ihnen etwas, das wie 40 Seiten Tabellenkalkulationen und Chaos aussieht. »Können Sie das bis zum Ende des Tages erledigen? Sollte nicht mehr als ein paar Stunden dauern!«

Sie starren sie an, als hätte sie Sie gerade gebeten, den Eiffelturm mit Excel-Formeln nachzubauen.

Sie sind kurz davor, zusammenzubrechen, und möchten sagen:

»Ich kann diesen verdammten Scheiß nicht mehr. Ich gehe in der Arbeit unter.«

Aber stattdessen sagen Sie, mit dem hohlen Lachen von jemandem, der nur noch von Koffein und einem kaputten Outlook-Kalender zusammengehalten wird:

»Ich bin gerade mit meinen bestehenden Projekten voll ausgelastet. Soll ich stattdessen umpriorisieren?«

Jasmine blinzelt.

. . .

»Oh! Ich wusste nicht, dass Sie so beschäftigt sind!«, sagt sie und tritt zurück, als wären Sie ein Waschbär, der genug hat.

Sie nicken, lächeln und wenden sich wieder Ihrem Bildschirm zu, wo der Cursor schweigend sein Urteil fällt.

58. LASSEN WIR DAS ERSTMAL AUF EIS

Was Sie wirklich sagen wollen:

Halt die Klappe, bevor ich ausraste!

HR-genehmigte Alternative:

Lassen wir das erstmal auf Eis.

Szenario:

Es ist 9:00 Uhr morgens. Sie sind in einem Teams-Meeting und versuchen, positiv zu bleiben, aber Alice aus dem Marketing hält einfach nicht den Mund. Sie ist jetzt schon fünf Minuten lang in einem Monolog darüber, dass das Team eine »QR-Code-Strategie braucht, die den höheren Zweck der Marke anspricht«.

. . .

Niemand hat danach gefragt. Niemand versteht, was sie sagt. Es ist wie ein Unternehmens-Wortbrei und irgendwie zitiert sie Artikel, die sie nur halb gelesen hat, und unterbricht jedes Mal, wenn jemand anderes den Mund aufmacht.

Sie versuchen, sich mit etwas Nützlichem einzubringen, aber Alice prescht voran und wechselt jetzt zu Chakren und einem Artikel aus dem Business Mindset Monthly (der vielleicht gar nicht existiert).

Sie beißen so fest die Zähne zusammen, dass Ihre Backenzähne summen. Sie haben echte Deadlines, tatsächliche Probleme, und Alices Stimme ist jetzt nur noch Unternehmens-Jazz in Ihrem Gehörgang.

Sie sind kurz davor, auszurasten:

»Halt die Klappe, bevor ich ausraste, Alice!«

Stattdessen sammeln Sie sich und sagen:

»Lassen wir das erstmal auf Eis.«

Was eigentlich bedeutet: *Wenn du noch einmal »Markenausrichtung« sagst, explodiere ich in diesem Drehstuhl.*

. . .

Alice lächelt stolz, in der Annahme, dass sie echten Mehrwert geliefert hat. Sie schalten Ihr Mikrofon stumm und überlegen ernsthaft, ob Sie nicht lieber professioneller Ziegenhirt werden sollten.

59. ICH VERSTEHE, DASS ES EINIGE HERAUSFORDERUNGEN GAB, ABER KONZENTRIEREN WIR UNS AUF PRAKTISCHE LÖSUNGEN, DIE ETWAS BEWIRKEN

Was Sie wirklich sagen wollen:

Ich habe genug von deinen lächerlichen Ausreden.

HR-genehmigte Alternative:

Ich verstehe, dass es einige Herausforderungen gab, aber konzentrieren wir uns auf praktische Lösungen, die etwas bewirken.

Szenario:

Es ist Donnerstag und Kyle kommt wieder einmal mit derselben Energie wie ein Reh im Scheinwerferlicht zum Meeting. Er hat seine Standardausrede parat, wie immer: »Ja, ich habe die Präsentation nicht fertigstellen können, weil das WLAN in meinem Airbnb in Tulum total unzuverlässig war.«

. . .

Sie widerstehen dem Drang, die Augen zu verdrehen. Dies ist die dritte Woche in Folge, in der Kyle eine Ausrede hat, die klingt, als wäre sie einem Mad Libs entnommen: »Ich war aus meinem Google Drive ausgesperrt.« »Mein Hund hat mein Ladekabel zerstört.« »Merkur ist rückläufig.«

Währenddessen haben Sie und der Rest des Teams dieses Projekt wie die letzte Herausforderung bei *American Ninja Warrior: Corporate Edition* den Berg hochgeschleppt. Alle sind müde. Alle haben die Nase voll. Kyle jedoch ist irgendwie immer noch nur ein »Technikproblem« davon entfernt, Mitarbeiter des Monats zu werden – für den geringsten Aufwand mit den meisten Worten.

Sie sind versucht zu sagen: »Ich habe genug von deinen lächerlichen Ausreden.«

Aber Sie tun es nicht. Was Sie stattdessen sagen, ist:

»Ich verstehe, dass es einige Herausforderungen gab, aber konzentrieren wir uns auf praktische Lösungen, die etwas bewirken.«

Was bedeutet das? *Dein Laptop hat dich nicht im Stich gelassen – deine Arbeitsmoral schon. Reiß dich zusammen, bevor ich den Willen zum Leben verliere.*

. . .

Kyle nickt ernst und schlägt dann sofort vor, die Deadline zu verschieben.

Sie lächeln mit zusammengebissenen Zähnen und fügen leise »Tulum-WLAN« zu der wachsenden Liste der Gründe hinzu, warum Sie eine Therapie brauchen werden.

60. WEITER GEHT'S

Was Sie wirklich sagen wollen:

Versuch's nicht noch mal.

HR-genehmigte Alternative:

Weiter geht's.

Szenario:

Es ist Sonntagnachmittag. Sie sind im Supermarkt, versuchen, das Chaos zu überstehen und vielleicht ein paar reduzierte Snacks zu ergattern. Endlich sind Sie an der Kasse, als Karen aus der Debitorenbuchhaltung – ja, *Karen von der Arbeit* – aus dem Nichts auftaucht, mit glutenfreiem Brot und schlechten Ideen im Arm.

. . .

»Oh, hey!«, zwitschert sie. »Kurze Frage – hast du schon darüber nachgedacht, die Kundenvorlagen statt deiner eigenen zu verwenden? Deine könnten, ähm... eine bessere Ausrichtung gebrauchen.«

Sie blinzeln. Nicht hier. Nicht jetzt. Sie haben diese Vorlagen die ganze Woche verteidigt und jetzt will Karen, mitten im Einkauf, das Ganze vor den Tiefkühlerbsen noch einmal aufwärmen.

Was Sie ihr wirklich sagen wollen:

»Karen. Versuch's nicht noch mal. Ich habe diese Woche etwa 500 Mal erklärt, dass die Vorlagen in Ordnung sind. Ich bin nicht hier für unerwünschte Kommentare oder Lebensratschläge. Lass mich in Ruhe meine Snacks kaufen, bevor ich in der Tiefkühlabteilung ausraste!«

Stattdessen entscheiden Sie sich zu sagen:

»Weiter geht's – lass uns sicherstellen, dass wir uns über den Feedbackprozess für die Vorlagen einig sind. So können wir vermeiden, immer wieder dieselben Entscheidungen zu diskutieren.«

Insgeheim hoffen Sie, dass sie Ihre Worte so interpretiert: *Karen, ich bitte dich. Hör auf, mich mit diesem Vorlagen-Quatsch zu verfolgen. Versprich mir, meine Vorlagen – und meinen Verstand – in Ruhe zu lassen.*

Und was macht sie? Sie grinst, als hätten Sie gerade einem Meeting um 7 Uhr morgens zugestimmt, und fährt fort:

»Genau! Absolut einverstanden. Ich denke, die Vorlagen können sich wirklich weiterentwickeln, wenn wir enger zusammenarbeiten!«

Sie lächeln gezwungen, murmeln ein höfliches »Super« und ziehen Ihre Karte energisch durch das Terminal.

Aber natürlich, während Sie Ihre Tüten schnappen und Richtung Ausgang sprinten, ruft Karen Ihnen hinterher: »Oh hey, vielleicht können wir morgen früh nochmal auf die Vorlagen zurückkommen!«

VIELEN DANK, DASS SIE DIESES BUCH GELESEN HABEN

Ich hoffe, ich konnte Sie mindestens einmal zum Lachen bringen :)

Ich wäre unglaublich dankbar, wenn Sie sich nur 30 Sekunden Zeit nehmen würden, um mir eine Bewertung zu hinterlassen! Bewertungen sind entscheidend für den Lebensunterhalt eines Autors und sind unglaublich schwer zu bekommen.

Je mehr Bewertungen meine Bücher erhalten, desto mehr kann ich meiner Leidenschaft fürs Schreiben nachgehen. Wenn Ihnen dieses Buch gefallen hat oder Sie Gedanken dazu teilen möchten, freue ich mich sehr über Ihre Bewertung und Ihr Feedback!

- Sam

www.ingramcontent.com/pod-product-compliance
Lightning Source LLC
Chambersburg PA
CBHW052025070526
44584CB00016B/1900